前言

当男孩因为喜欢冒险、登高、爬树而弄得自己伤痕累累时；当男孩倔犟，父母说东他偏往西，父母越是管教他越叛逆时；当男孩不能控制自己，遇到一点诱惑就“风吹草动”，学习成绩每况愈下时；当男孩因为惹祸，让别人找上家门时；当老师说男孩上课捣乱，让父母到学校去一趟时……父母内心常常会有这样的疑问：难道上天把这个男孩送给我，就是为了给我们制造麻烦吗？为此，父母常发出这样的感叹：“唉，这孩子可怎么办？”

古希腊伟大的哲学家柏拉图早在两千多年前就这样写道：“在所有的动物之中，男孩是最难控制和对付的。”如何把男孩养育成真正的男子汉，这给男孩的父母带来了很大的挑战。

好动、好奇、好斗、好冒险、好竞争、好捣乱、好叛逆，这是男孩的特性，也是男孩更富探索欲、创造欲、领导欲的最直接体现。

由于男性的性格特征，决定了男性性格粗放，不太注意小事、小节。但当我们探求许多成功男人的经验时，我们发现他们都有一个共同的特点：注重细节。

“细节决定成败”，这个道理用在养育男孩方面，也十分适用。细节很小，容易被人们所忽视，但它的作用是不可估量的。“不积跬步无以至千里，不积小流无以成江海。”“勿以恶小而为之，勿以善小而不为。”如果父母能够在日常生活的细节中，给予男孩正确的引导，男孩体内过多的睾丸素就会促使这些小“捣蛋鬼”成为顶天立地的男子汉。

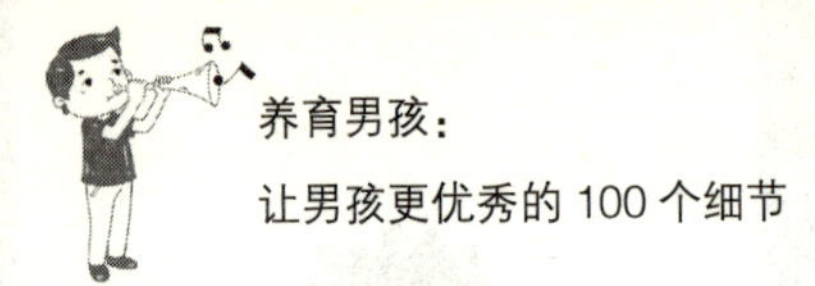

本书紧紧围绕男孩的个性特征、教育方法展开，把男孩成长过程中的诸多问题总结为100个细节；从家庭教育的高度探讨男孩的教育问题，通过众多教育事例，对父母进行具体的指导，突出了男孩成长过程中各种各样的教育细节；全面分析了男孩独特的个性特征与心理特征，并针对男孩的性别特征、成长过程中经常出现的问题，提出了更富有针对性的指导；向父母传授培养男孩的重要技巧，全面塑造男孩的性格、修养、情感、品质，让男孩走向快乐和成功，做一个有修养、举止得体、乐观上进、自强自立、勇于进取的成功男人。

任何成功都弥补不了孩子教育的失败。通过阅读本书，父母们可以领悟到养育男孩之道和其中所蕴含的沟通艺术、批评艺术、身教艺术等，能帮助父母轻松建立亲密的亲子关系，为孩子的成长提供一个健康、向上、快乐的环境。

细节决定成败，细节决定人生。注重细节，崇尚平凡，并不意味着得小而失大，这恰恰是从小处着眼，从大处努力，去成就有出息的男孩。细节是平凡的、具体的，往往容易被我们所忽视，但它却体现出一个人的基本素质。只有父母多给男孩一点爱，多给男孩一点关注，男孩才能靠细节成就完美的人生，男孩才会成为一个了不起的人、一个卓尔不群的男子汉！

赵雪峰

2019年6月

养育男孩

让男孩更优秀的100个细节

赵雪峰◎编著

中国纺织出版社有限公司

国家一级出版社
全国百佳图书出版单位

内 容 提 要

“望子成龙”是每一个家有男孩父母的热切期盼，然而如何养育男孩却是一件棘手的事情。

为了帮助广大父母解决这一难题，帮助男孩健康成长，本书从男孩的性别、安全、品质、习惯、解决问题的能力、处世心态、成长环境以及男孩成长过程中容易进入的误区等多个方面，为家有男孩的家庭提供了100个养育细节，让每一位父母都能摒弃“不打不成才”的教育理念，成为男孩真正的朋友，并把男孩培养成有出息的人才！

图书在版编目（CIP）数据

养育男孩：让男孩更优秀的100个细节／赵雪峰编著.--北京：中国纺织出版社有限公司，2019.9

ISBN 978-7-5180-6272-0

Ⅰ.①养… Ⅱ.①赵… Ⅲ.①男性—家庭教育 Ⅳ.①G78

中国版本图书馆CIP数据核字（2019）第106167号

责任编辑：江　飞　　责任校对：楼旭红　　责任印制：储志伟

中国纺织出版社有限公司出版发行

地址：北京市朝阳区百子湾东里A407号楼　邮政编码：100124

销售电话：010—67004422　传真：010—87155801

http：//www.c-textilep.com

E-mail：faxing@c-textilep.com

中国纺织出版社有限公司天猫旗舰店

官方微博http://weibo.com/2119887771

三河市宏盛印务有限公司印刷　各地新华书店经销

2019年9月第1版第1次印刷

开本：710×1000　1/16　印张：15

字数：167千字　定价：45.00元

目录

第一章　教育男孩，要让他意识到自己的性别 …… 001

细节1　男孩降临后，父母要做的几种准备 …… 002
细节2　不要拿男孩的生殖器与剪刀开玩笑 …… 004
细节3　性别角色的失衡来自周围的暗示 …… 006
细节4　从小就要爱上自己的性别 …… 008
细节5　男孩要避免成为“娘娘腔” …… 010
细节6　爱动不是男孩的缺点，冒险是男孩的天性 …… 013
细节7　做好心理准备，迎接喉结的出现和“变声” …… 016
细节8　父母不能忽视男孩的“青春美丽痘” …… 018
细节9　让男孩从小就以“男子汉”自居 …… 020

第二章　男孩从小就要建立安全意识 …… 023

细节10　会游泳是男孩的自救本领之一 …… 024
细节11　父母应教会男孩应对各种突发灾害 …… 026
细节12　不要让他人误踢到自己的私处 …… 029
细节13　男孩要学会控制自己的“攻击性” …… 031
细节14　提高男孩对“群架”的“免疫力” …… 034
细节15　遭遇陌生人的威胁时不要逞能 …… 036
细节16　避免身体受到意外的伤害 …… 038
细节17　珍惜生命是给家人最好的礼物 …… 040

第三章　男孩变得自信而聪慧，才能成大器……045

细节18　自信是男孩成功的起点……046
细节19　男孩，赶走你的自卑……048
细节20　别太把自己当回事，“自信”不等于“自负”……050
细节21　引导男孩多问几个“为什么”……052
细节22　男孩从小就要树立自己的理想……055
细节23　拥有小聪明不代表男孩很聪慧……057
细节24　不要自己吓唬自己，超越“不可能”……059
细节25　自信而聪慧的男孩能成大器……061

第四章　男孩可以“玩得好，学得好”……065

细节26　培养男孩敏捷的思维能力……066
细节27　面对文科，谁说“男子不如女”……068
细节28　“棍棒下未必出才子”，男孩的优秀不是逼出来的……070
细节29　不想当“将军”的想法，男孩要不得……073
细节30　理智的男孩不做书呆子……075
细节31　培养男孩的兴趣，玩出水平……077
细节32　不是每一个男孩都需要“家教”……080
细节33　让男孩自愿参加学习培训班……082

第五章　品质教育，让男孩历练成为男子汉……085

细节34　诚信是做人的首要道德标准……086

细节35 “撒谎”有度，男孩必须“诚实” ……088
细节36 勇敢是心灵的一种定力……090
细节37 培养男孩“不服输”的精神……092
细节38 善良的男孩容易让人接近……094
细节39 勤劳的男孩更让人喜爱……096
细节40 男孩要有责任心，敢于担当……098
细节41 尊重是一种仁爱的情操……100
细节42 果断是治愈拖延恶习的良药……102
细节43 沉稳方显男儿本色……104
细节44 忍耐是成功之路的旅行袋……106
细节45 培养男孩的同情心和爱心……108
细节46 坚强能使平凡的人做出不平凡的事业 ……109
细节47 学会感恩，滴水之恩当涌泉相报 ……111
细节48 学会宽容，不做“小家子气”的男孩 ……113

第六章 好的习惯，让男孩受益一生……115

细节49 讲究卫生的男孩更受欢迎……116
细节50 有礼貌是男孩精神面貌的象征 ……117
细节51 阅读的好习惯能点燃男孩的智慧 ……119
细节52 培养男孩独立思考问题的好习惯 ……122
细节53 运动是男孩排遣情绪的好方法 ……124
细节54 微笑的男孩让人感觉更亲切……126
细节55 幽默的男孩拥有好人缘……128
细节56 从青春期开始男孩就要远离香烟 ……130

细节57 会换位思考的男孩更成熟 …… 132
细节58 倾听会为男孩打开成功的另一扇门 …… 134
细节59 会做家务的男孩未来更幸福 …… 135
细节60 男孩要“扫天下”，就要学会理财 …… 137
细节61 坚持学习的男孩才有出息 …… 139

第七章 掌握解决问题的艺术，男孩更易成功 …… 143

细节62 遇事冷静：男孩处事忌讳的就是冲动 …… 144
细节63 洞察能力：敏锐的眼光是男孩观察事态走向的需要 …… 146
细节64 非凡的自制力：成功男孩的必备能力 …… 148
细节65 交往能力：男孩走出自我的第一步 …… 150
细节66 创新能力：决定男孩解决问题的水平 …… 152
细节67 注重细节：男孩需要告别“马大哈” …… 154
细节68 做事有计划：凡事预则立，不预则废 …… 156
细节69 动手能力：男孩不做眼高手低的“低能儿” …… 157
细节70 理性思考：男孩解决问题的保障 …… 159
细节71 团队意识：懂得合作的男孩更能展现个人的才华 …… 160

第八章 好的引导可以帮助男孩少入误区 …… 163

细节72 叛逆的男孩不一定就是“坏孩子” …… 164
细节73 父母要理智对待男孩从家里“拿”钱 …… 167
细节74 男孩逃课的背后另有故事 …… 170
细节75 不要把男孩当成炫耀比较的对象 …… 172

细节76　让父母的权威在男孩的隐私面前低头 …… 174
细节77　学习成绩不是衡量男孩的唯一指标 …… 176
细节78　男孩的“早恋”该何去何从 …… 179
细节79　木讷的男孩更需要关心和鼓励 …… 181
细节80　男孩的健康成长不需要无尽的指责 …… 183
细节81　注重男孩的非智力因素的培养 …… 186
细节82　过分的保护会折断男孩欲飞的翅膀 …… 188
细节83　正确引导男孩去“追星” …… 190

第九章　好的心态，才能成就幸福男孩 …… 193

细节84　让乐观做男孩的“自我标签” …… 194
细节85　走出悲观情绪的沼泽地 …… 196
细节86　摆脱做事胆小的阴影 …… 197
细节87　用交友来赶走男孩的孤独 …… 199
细节88　正确对待竞争的优胜劣汰 …… 201
细节89　男孩，别让浮躁毁了你 …… 203
细节90　跌倒不是失败，男孩要勇敢地站起来 …… 205
细节91　男儿有泪可以轻弹 …… 206
细节92　磨炼男孩承受挫折和压力的能力 …… 208

第十章　男孩健康成长离不开好环境 …… 211

细节93　学校是男孩健康成长的第二个家 …… 212
细节94　攻击性强的男孩是由于缺乏拥抱 …… 214
细节95　重视与男孩的非语言交流 …… 215

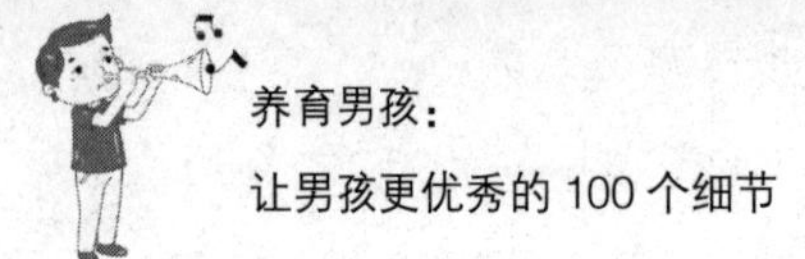

细节96 “近墨者黑”，男孩要慎交朋友……217
细节97 远离污浊的非法网络环境……219
细节98 母亲的呵护不会让男孩变得软弱……222
细节99 父亲的阳刚是男孩成长的榜样……224
细节100 温馨的家庭氛围让男孩更幸福……226

参考文献……229

第一章

教育男孩，要让他意识到自己的性别

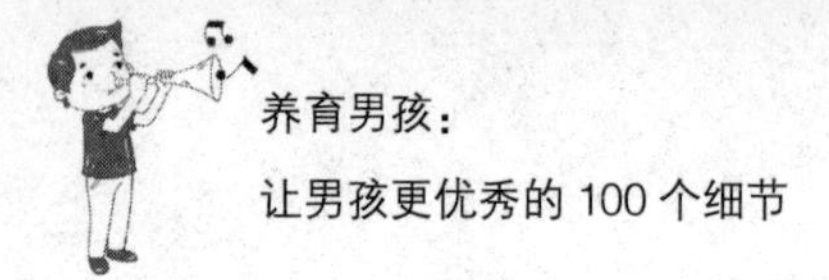

细节1 男孩降临后，父母要做的几种准备

虽然生男孩还是生女孩，不是父母主观能够决定的，面对孩子父母的心态也是不一样的，但是抚养孩子，父母所应承担的责任是一样的。当产房传来洪亮的婴儿啼哭声时，当一个男孩降临到你家时，当你为生了男孩而满心欢喜时，你是否只是把孩子看成自己生命延续的一种方式？你是否会考虑如何来养育这个天使般的男孩？你是否会在心里为这个男孩的成长规划出一个成长蓝图？你是否在想，自己也要跟上时代的步伐，一定要把孩子养育成一个有责任感、有时代感、健康向上、阳光快乐的男孩？

随着国家提倡优生优育政策，越来越多的父母懂得要优养男孩，然而，仍然有一小部分父母面对男孩的教育，显得满脸的茫然。实际上，生育男孩不容易，养育男孩更是一门深奥的学问，因为养育这个过程需要父母辛苦的付出和耐心的教育。当然，要想教育好男孩，父母们首先要做好下面几个心理准备：

1.端正“育儿”观念

从古到今，由于传统思想及社会文化心理上的原因，父母们都有“传宗接代，养儿防老”的观念，几乎大部分家庭都想生儿子。其实，这种观念是无可厚非的，无论从“孝”还是从“社会责任”来说，作为孩子都有“赡养老人”的义务。但是，我们新时代的父母不应该再把“传宗接代，养儿防老”作为“养儿”的全部理念去追求。我们养育孩子是为了“塑造”一个“完善的社会人”，让其为社会的发展尽自己应该尽的责任。

一个“社会人”要有基本的道德观念、健康的生活理念、生存能力

及为社会作出贡献的责任心，如果每一个家庭都培养出这样的人才，那么家庭、社会、国家都会有巨大的进步。养育男孩，父母们就应端正育儿观念，走出传统思想的樊篱，把孩子养育成有出息的人才，而不仅仅是把孩子当作一个“头脑简单、四肢发达”的传宗接代的工具，这不仅是对社会的不负责任，更是对孩子本身的残忍。

2.养育男孩更需要耐心

一些父母生了男孩后真的非常高兴，不仅仅是因为传统思想的左右，也认为“男孩好养活”。他们觉得：“男孩贱着养”，男孩的养育比女孩更省心，不用付出过多的辛苦，甚至可以“粗枝大叶”“放任自流”。实际上，这些父母的观念大错特错了。与养育女孩相比，养育男孩带给父母的挑战要大得多，因为养育男孩更需要耐心。男孩天生调皮、好动，父母不仅要注意男孩的安全，更要有耐心应付男孩成长中的各种挑战。

3.为男孩计划完善的成长蓝图

男孩来到了我们的身边，我们就应该为男孩的一生负责。作为父母，应该考虑为男孩设计一个完善的成长蓝图。培养一个孩子，就好比盖一座大楼，有了这张蓝图，大楼才能顺利地一层一层地盖起来。父母不能随意地决定孩子做什么，但是可以为孩子的健康成长提供好的引导和有建设性的规划。没有规划的人生是无目的的人生，无目的的人生正如大海中没有航向的船，这样的船最后也很难到达成功的彼岸。

男孩，是父母的宝贝，更是祖国未来的栋梁。既然男孩降临在了这个家庭，做父母的不仅应该在生活上养育男孩长大，更应该为男孩提供好的教育并尽到应该尽的责任，千万不能听之任之、放任自流，甚至完全不顾男孩的教育，而把孩子推给年迈的长辈抚养。“好的开始乃成功的一半”，如果父母们都肯花费心思从小教育男孩，那么我们的男孩都能成长为健康、向上、聪慧、勇敢且负责任的男子汉！

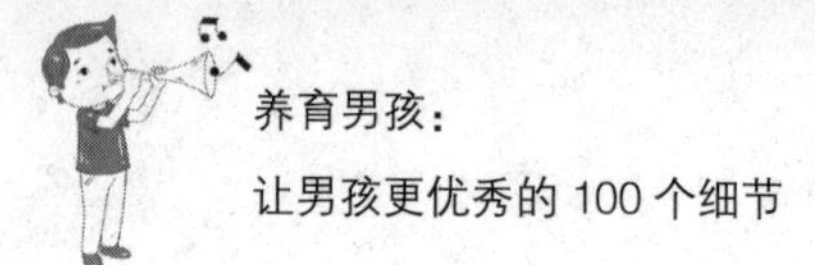

细节2 不要拿男孩的生殖器与剪刀开玩笑

男孩的父母们应该有过这样的经历：当男孩抚摸自己的生殖器时，父母通常会板起面孔训斥说：“不准摸自己的小鸡鸡！”“摸小鸡鸡的孩子不是好孩子！”一些父母拿男孩的生殖器开玩笑，以此“恐吓”孩子：“今后不许再摸小鸡鸡，再摸就用剪刀给你剪掉！”这种做法的后果是：一方面会引起孩子对自己的生殖器产生更大的兴趣；另一方面使孩子从小对生殖器产生罪恶感。那么，为什么有些男孩喜欢抚摸自己的生殖器呢？

1.男孩性心理发展期的必然

面对男孩抚摸自己生殖器的情况，父母不用大惊小怪，随着身体的发育，大约3岁以后，男孩性心理发展期到了阴茎崇拜期或称性蕾期（3岁左右的孩子处于一个性心理发展的特殊阶段，这个阶段心理学上称为“性蕾期”）。此时，孩子会发现抚弄自己的生殖器所带来的快感。

2.男孩好奇的心理

男孩在3岁以后，也是其好奇心旺盛时期，这段时间男孩知道了自己与女孩有区别，并好奇于这种区别而没有顾忌，所以男孩会摸自己的生殖器，因为他知道了那是他身体的一部分而女孩没有，他可能会很好奇：“为什么自己身上有而女孩没有？”

3.父母“羞于”谈论男孩的生殖器

有些父母对孩子进行封闭的性教育甚至没有性教育。这类父母在对孩子进行性教育时通常不会说出正确的生殖器名称，而用些别称代替，如称男孩的生殖器为“小鸡鸡”，而当男孩看自己的生殖器或问与女孩的区别时，又对孩子说“用剪刀剪掉小鸡鸡”之类的话，从而让孩子对自己的生殖器感到更好奇，经常想看看自己的生殖器。

3岁的嘉嘉与小表妹一起洗澡，很快，两人的注意力转移到彼此身体

的不同上。嘉嘉认为小表妹比自己少了一样东西。洗完澡出来，嘉嘉问妈妈："为什么妹妹没有小鸡鸡？"妈妈对嘉嘉说："妹妹不听话，小鸡鸡被剪掉了。"嘉嘉被吓得不敢说话了。

可以说，嘉嘉妈妈的回答是不太科学的，因为如果在男孩幼儿时期没有对自己生殖器有正确的认知，很可能导致男孩长大后的各种变态行为。但需明确的是，孩子对性的认识与好奇是一张白纸，是没有任何色彩的，只要父母对孩子进行正确的解释，对孩子将来性别的认知是有益的。鲁迅先生早年在提出重视儿童早期性教育时，就认为"知"比"无知"更有益。其实，身为新时代的父母，很多人已经意识到和孩子讨论"性"的必要，但要怎样做才能恰到好处呢?

1.父母要尊重孩子的好奇心

父母应该正确对待孩子在性心理发展过程中的种种表现，不宜呵斥或以"剪刀"等词来制止孩子。当孩子抚摸性器官时可以告诉他，手上有细菌，应像不吮手指、不揉眼睛那样不去抚摸它，再用讲故事、和孩子一起做游戏等方法转移孩子的注意力和兴趣；也可以让孩子手里拿着玩具，把孩子的手占上，孩子就不会去摸了。

2.准确说出生殖器的名称及作用

弗洛伊德认为，性别认同最重要的时期，就是生殖器概念的形成。准确地告诉男孩他的生殖器叫"阴茎"是很必要的，同时告诉孩子这是私密处，不能随便暴露。让孩子知道生殖器像眼睛、耳朵一样，是人体的器官之一。随着孩子的成长，再为孩子讲解生殖器官的作用。在讲解过程中，父亲的讲解可能会比母亲的讲解更加有效果。

3.为男孩穿上舒适的裤子

家里有男孩的父母，不要对孩子的衣物漫不经心，平时要多为男孩准备些宽松的衣裤以达到减少刺激的目的，这样做可以有效地防止孩子经常

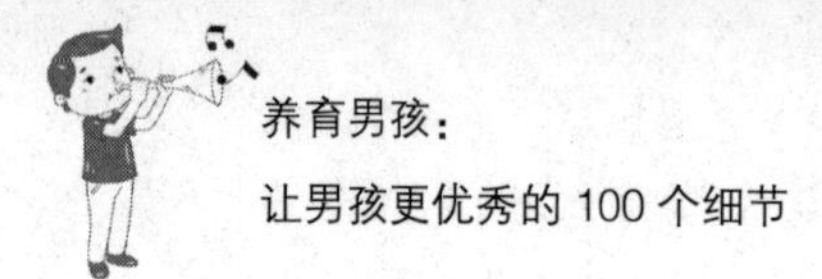

性地抚摸自己的生殖器；尽可能给孩子穿上满裆裤，既可以防止孩子摸生殖器，也便于打理孩子的个人卫生。

父母准确而坦然地与男孩谈论他的生殖器并说出正确的名称是很重要的，要让孩子明白，这是一件严肃的事件，没有什么特别和见不得人的。如果遮遮掩掩，更甚者动辄“威胁”男孩用剪刀剪掉他的生殖器更不可取，这很容易让孩子形成对生殖器官的错误认识。父母应在日常生活中抓住适当的机会对孩子进行性教育，培养孩子正常的性心理，以便帮助孩子今后在社会中找准自己的位置，规范自己的行为，培养健康的人格。

细节3　性别角色的失衡来自周围的暗示

生物遗传因素、家庭教养态度等共同影响着儿童性别角色的意识。剔除生物遗传因素，如果在孩子成长中产生与本身性别不同的暗示，这就表明孩子的性别角色在某种程度上可能会失衡。

性别角色是一个学习和模仿的过程。有学者认为：性别角色的学习过程主要有以下两种途径：其一是透过孩子的父母、照顾者、学校教师而习得；其二是经由孩子观察和模仿与自己相同性别的父亲、哥哥甚至是陌生人得来，总体来说，就是周围环境的影响。那么，孩子为什么会受到这些因素的影响呢？

1.孩子意识里的有意模仿

孩子是有着极强的模仿力的。有位科学家发现，出生12～30天的新生儿有模仿成人面部表情的能力。随着孩子的成长，这种模仿能力表现在方方面面，如孩子的奶奶经常咳嗽，孩子也会学奶奶咳嗽；看到电视上的超人，孩子也会模仿超人的动作……就是这种模仿力，让孩子直接从周围的

一切人与物中受到影响。可以说，很多时候男孩的性别角色的塑造是通过观察和模仿而获得的。

2.人自身潜意识的影响

弗洛伊德把心灵比喻为一座冰山，少部分浮出水面的是意识，大部分埋藏在水面之下的则是潜意识。如果说孩子的模仿力是有意识的模仿，但受到周围的暗示则是潜意识里的无意识模仿。潜意识里的言行举止，是不受孩子意识控制且本身没有觉察到的。如一个男孩生活在都是女性的环境中，他的意识里知道自己是男孩，但是潜意识里他会受到诸如奶奶、外婆、阿姨、妈妈等很多女性行为的影响，从而做出女性化的举动。

3.家庭中性别失衡的影响

家庭中性别失衡，也是孩子产生性别角色失衡的重要原因。如单亲家庭，特别是母亲一个人带孩子，容易使男孩向女性化发展。

因为爸爸妈妈工作忙，洋洋由爷爷奶奶来带。平时为了省事，为了不让洋洋淘气，爷爷总是让洋洋一个人看电视。有一天，爷爷突然看到洋洋穿着他妈妈的裙子坐在地上嘤嘤地假哭，这可把爷爷吓坏了。了解情况后才知道，原来洋洋看到电视剧里的一个小女孩在哭，他就学着这样做了。

从以上例子中我们会发现，一旦男孩性别角色失衡，除了排除基因性别与生理性别不吻合的情况外，来自周围与自身性别相反的暗示也是一个重要的因素。父母们要知道男孩性别角色的教育是非常重要的，它是个体社会化的一项重要内容。那么，父母需要怎样做，才能让男孩建立自己正确的性别角色呢?

1.父母或看护者应树立正确的榜样作用

父母是孩子在性别角色方面的指导者和模仿对象，所以一定要注意自身行为的影响，如果爸爸有些“娘娘腔”，要在孩子面前有意克服。如果孩子被隔代人教育，父母应提醒看护者注意言谈举止。另外，在成长的不

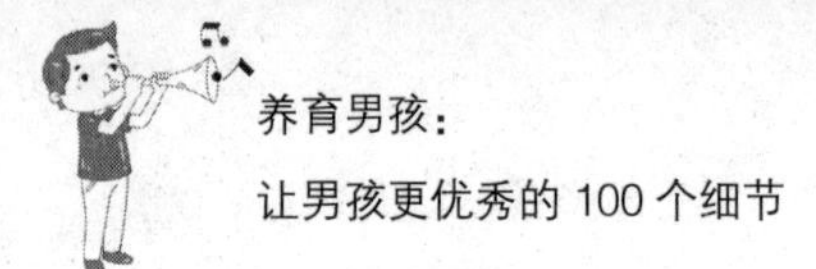

同阶段，孩子还会在身边寻找同性作为榜样来效仿，父母可以帮助孩子选择不同年龄段的同性榜样，以使孩子建立起正确的价值观和人生观。对孩子不当的性角色行为，父母一是要反应冷淡，二是要对孩子进行恰当的制止，让孩子知道这种行为是不对的。

2.通过玩具和游戏增强男孩性别角色的意识

父母或主要看护者要注意为孩子提供符合孩子性别的玩具，和孩子进行符合孩子性别的角色训练。如为男孩买些枪、汽车、变形金刚之类的玩具；在和孩子游戏时让孩子扮演男人的角色，对孩子进行角色训练等。

3.提供双性别环境和双性别影响力

调查表明，双性别家庭是培养孩子性别角色的最好环境。在有男孩的家庭中，母亲要竭力支持、鼓励男性化气质不够的丈夫，让他尽力为孩子做好男性榜样。作为男孩的父亲，要尽量更多的加入到孩子的教育中。由母亲自己带的男孩，母亲也要多安排孩子和男性接触，如选择有男性老师的幼儿园等。

总体上说，通过性别角色教育，孩子会知道自己如何建立自我性别的观念，知道自己要成为一个怎样的人，承担什么样的责任，如何尊重异性以及如何与别人交往合作等。所以，在条件允许的情况下，父母们要尽量避免周围环境的错误暗示而导致孩子的性别角色失衡。

细节4　从小就要爱上自己的性别

为什么在孩子对自己的性别认同和性别角色已经确立的情况下，还要强调让孩子爱上自己的性别呢？因为有些孩子即使明确知道自己的性别，在父母的强制教育下也产生了与自己性别相符的行为，但在心理上却很排

斥自己的性别。严重的情况下，会导致一种叫性别认同障碍的心理疾病，这种心理疾病是指一个人在心理上无法认同自己与生俱来的性别。有这种心理疾病的人通常会产生变性、跨性别或异性装扮癖等情况。尽管小孩子出现这种情况很少，一般到成年后才有可能出现这种情况，但做父母的还是要早点给孩子灌输健康的意识。

王女士离异后带着儿子过。出于对前夫的愤恨，她经常当着儿子的面说前夫的不是，说“男人没有一个是好东西”之类的话。有一次，儿子拉着她的手说：“妈妈，我以后想做女孩，你别讨厌我。”王女士听了后，吃惊之余更多的是内疚……

孩子幼年时期出现性别认同障碍，并不意味着成人时也会出现性别认同障碍，大部分有性别认同障碍的孩子到青春期发育时，会恢复正常的性别角色，因此，发现孩子出现性别行为异常，父母不必过于焦虑，可以询问心理医生，在医生专业的指导下引导孩子走向健康。当然，一旦孩子出现性别认同障碍，要想改变得经历艰难的历程，父母一定要有足够的耐心和信心。数据显示，男孩患上性别认同障碍的概率要高于女孩，所以男孩父母一定重视孩子性别角色的培养，那么，平时应该注意哪些呢？

1.父母对孩子的性别表示赞赏

让男孩感觉到父母对自己是男孩的事实很高兴，孩子也会对自己的性别感到满意，从而在心理上认可自己的性别。有些父母即使对孩子性别感到有些许的遗憾，也应很好地控制自己，不在孩子面前表现出来。如不在孩子面前说：“我不喜欢男孩”“如果你是个女孩多好”之类的话。父母应该明白，男孩女孩都一样，没有必要因为孩子的性别而产生对孩子的厌烦。

2.为宝贝树立良好的性别角色榜样

父母就是孩子绝好的性别角色榜样，在日常生活的身体和视觉接触中，孩子可以从爸爸身上认识男性角色，从父母身上发展对异性的信任，

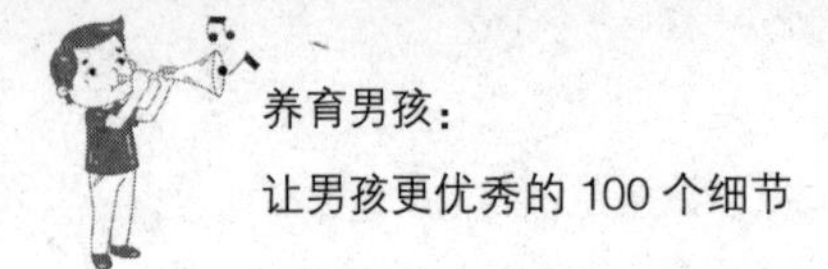

所以爸爸妈妈要注意自己身上的性别特征，甚至是性格特征，这对孩子的影响是终生的。爸爸妈妈可以利用生活中的自然情景让孩子理解不同的性别角色，如爸爸和儿子一起劳动，让儿子感受作为男子汉应有的坚强和力量。

3.父母对社会性别二元化要有客观的认知

让男孩觉得作为男子汉是很美好的事情，父母自己首先要对世界的组成有正确的认知，应该告诉孩子男人各有各的风采，女人各有各的特点，这些构成了丰富的人类社会，形成了璀璨的人类文化。不必刻意地贬低女性在男性中的地位，从而达到男孩爱上自己性别的目的。父母在性别教育上，只要顺其自然，辅以正确的引导就可以了，不必要太过张扬或担心，否则会让原本健康的孩子反而变得不正常起来。

可以说，对孩子健康的性教育不是简单的性器官知识的教育，而应是生理、心理全面的认识，是整个人生教育的一部分。父母应有目的地从生活中让孩子认识男性和女性在家庭和社会中的责任和义务，促使他们从小确定正常的性别心理，为孩子形成良好的性别认知打下基础。有了这样的基础，孩子才会真正地从心里认可自己的性别，爱上自己的性别，并为自己是个男孩而感到高兴、自豪。

细节5　男孩要避免成为“娘娘腔”

父母们都希望自己的儿子说话铿锵坚毅，顿挫有声，浑身上下流露出一股阳刚之气。然而，现在社会上有越来越多的男孩子说话嗲声嗲气，一副“娘娘腔”。

很多父母都注意到孩子的这种情况，但有些父母觉得随着男孩不断成长，他自然会改变这种说话方式，毕竟现在还小。于是，他们忽视了要去

正确地引导男孩。而这样的男孩长大后在社会上立足往往会受到别人当面或是背后的“指点”。这不仅会增加孩子的心理负担，最终也会让不少望子成龙心切的父母心忧不已。

5岁的明明被幼儿园的小朋友叫作“娘娘腔”。

“别拿我铅笔，讨厌！”

“妈妈，打雷了，明明好怕怕哟！”

“老师，你今天夸明明，明明好好开心耶！”

明明不到两岁时父母就离婚了，妈妈带他单过。平常妈妈喜欢看港台电视剧，明明也耳濡目染，但是因为小朋友们都说明明是娘娘腔，他总不愿意去幼儿园。无奈之下，妈妈只好带明明去看心理医生。

心理专家表示，这种现象叫作男孩的性别认同偏差，只要父母加以正确地引导，是可以改变的。

然而，“娘娘腔”究竟是怎样造成的呢？具体原因有很多，其中可能有病理原因存在。父母可以带孩子到特定的医疗机构，测定孩子体内雄激素和性激素水平以及性染色体，如果存在问题，应及时做相应处理。排除病理原因之外，其他主要因素大概有以下三种：

1.不够明确的性别教育

由于母亲是孩子婴幼儿期家庭教育中的重要角色，陪伴孩子的时间最多，也因此对孩子的影响最深，更何况孩子都有很强的模仿力，如果不注意教育方式，就会导致男孩缺乏阳刚之气。一些父母因为对女孩的偏爱，竟然将儿子打扮成小姑娘，这类做法会在一定程度上助长孩子的性格特征更多地倾向于女性，日久则形成“娘娘腔”。这种不明确性别取向的教育如果不加以矫正，严重者会造成性别错位，甚至会影响到男孩长大之后方方面面的生活。

2.父爱的缺失

男孩出现“娘娘腔”，往往是由于父爱的缺位使得其性别认同出现了混乱。在中国人的习惯当中，不少家庭都有意无意地划分父母的分工职能，即父亲“主外”，母亲“主内”。孩子常常被父亲以各种冠冕堂皇的借口，推给母亲或者家里的老人，不少为人父者，常年外出打工或忙生意，在工作上投入的时间太多，而与孩子接触的机会与日俱少，甚至忽略或放弃了对男孩的关心；特别是农村，大量年轻的父亲到外地打工，致使孩子从小缺乏与父亲的接触。这已成为孩子成长中的一个突出问题。

3.成长的环境充满了女性化氛围

现代社会中，男孩往往被母亲和女老师所包围，长期接受女性化的熏陶，缺少良好的男性化的成长环境，因此，男孩不能在健全的男性环境里学习做一个男子汉，人格构建中缺乏男性元素，女子气过重也就不足为奇了。

父母千万不要认为，男孩现在还小，等长大了这种情况自然会有所好转。那么，父母到底应该怎么做才能既不伤害男孩的自尊心，又能有效改变男孩“娘娘腔”的现状呢？

1.注意表示“期待”的言辞

作为父母，应该避免当着孩子的面说诸如“我真想有个女儿”或“我真希望他是个女孩”等表示自己的“期待”或“希望”的话。殊不知，“说者无心、听者有意”，长此下去，男孩便可能在自觉或不自觉中将自己的行为方式和性格特征有意向女孩“靠拢”。无疑，父母的这类做法将在一定程度上助长孩子“娘娘腔”倾向。

2.让父亲树立起样板

为人父者应尽量多抽出时间来关心男孩，多与男孩沟通，要有耐心，不要动辄摆出父母的威风，对男孩吼叫。要是当父亲的自己也有点儿“娘娘腔”，那就应该有意地尽量予以克服，以免孩子“依样画葫芦”。

父亲尽量把自己阳刚的一面展现给男孩，让孩子知道，作为男孩就应该有男子汉气质，太过阴柔的举止会对自己的成长带来不利。

3.让男孩与其他男性接触

如果父亲远离家门，作为母亲，应该尽量为男孩的健康成长提供好的环境，例如，让男孩多与堂哥、叔叔、舅舅或其他同龄的男孩接触等，可有效改变男孩的“娘娘腔”现状。

父母不要对男孩的“娘娘腔”问题大惊小怪，在帮助孩子克服“娘娘腔”时，务必循循善诱，而不是责备呵斥，最好做到不留痕迹。

细节6　爱动不是男孩的缺点，冒险是男孩的天性

男孩的爱动、冒险行为就像性格特点一样，常常会持续到青少年时期，随着孩子一次次地在冒险中认识世界、感知世界，孩子逐渐走向成熟，最终成长为果断、勇敢的男子汉。

儿子5岁了，智力和学习能力在班上或同龄孩子中算是偏上。但特别爱动，一刻也没有闲下来的时候，孩子对周围的东西都存在好奇心，什么都想试一下，如看看电源、电视、能打字的电脑，把家里的物品损坏了，把自己的玩具给拆了等。父母带他去医院检查，医生说没有问题，但妈妈很担心孩子是不是得了多动症……

实际上，许多父母都对自己好动的孩子有这种担忧，其实，这些情况都是正常的。那么男孩为什么爱动、喜欢冒险呢？

1.从身体机能上来讲

幼儿时期，可能由于神经系统发育不完全，动作行为有时不受控制，导致了幼儿的弱控制力，这种情况容易表现出爱动的特性。就男孩来说，

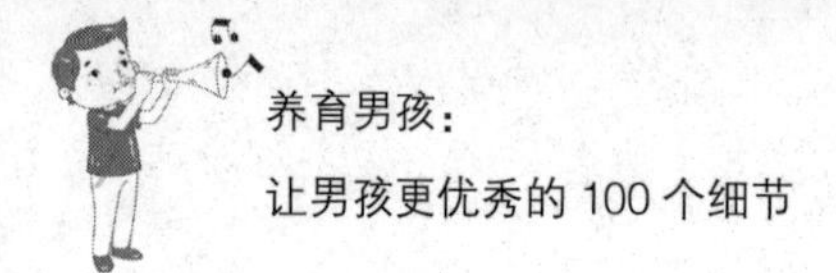

男孩体内的荷尔蒙睾丸素，就是雄性特征的体现。从襁褓期开始，男孩的体内就有远远大于女孩的睾丸素分泌，他们更需要一些冒险的行为去释放自己的能量。有关医学研究指出，睾丸素会使得男孩的行为不同于女孩。儿童心理学专家也认为，男孩爱冒风险、专断自负、斗殴、争吵、自吹、喜欢出风头等倾向与睾丸素的分泌直接相关。当然，这种爱动是随着年龄与控制力的提高而有所改变的。

2.从心理学气质划分角度来讲

美国心理学家巴斯用反应活动的特性把人划分出四种气质类型，即活动性、情绪性、社交性和冲动性。活动性气质的人表现为总是抢先迎接新任务，爱活动，不知疲倦；婴儿期表现出总是手脚不停乱动，儿童期表现出在教室坐不住，成年时显露出一种强烈的事业心，而这种气质类型又多见于男孩。

那么，父母应该如何看待爱动的男孩，如何引导孩子正确地“冒险”呢？

1.培养孩子成为“守规矩”的人

父母要让孩子知道，拥有冒险精神不代表要莽撞和失控，冒险要在遵守道德、遵守规矩的前提下进行。当孩子还小的时候，父母就要从小事培养他的各种好习惯，不做无畏的冒险，保证安全下的冒险。如要注意一些安全常识，过马路时要遵守交通规则等。

2.帮助孩子认识冒险与危险的区别

冒险是在未知的情况下，探索新知需要的精神。而危险则是把自己带入困境的一种行为。例如，如果带着孩子去郊外认知自然世界，他的认知过程是一种“冒险”，而当不会游泳的孩子执意要跳进小河时，则是一种危险。再如，孩子在家里偏要爬上窗台看看外面的世界，虽然孩子这样做有危险，但也是孩子的一种冒险精神，这时候，父母可以认真地告诉孩

子，他可以通过更安全的方式看看外面，而不是自己爬上窗台。

3.让孩子了解一些英雄人物和冒险家的故事

生活中，父母可以多给男孩讲些英雄人物的故事、冒险家的探索之谜等。帮助孩子树立正确的冒险精神，让孩子知道什么样的冒险才有意义。英国“儿童游乐”机构的负责人阿德里安·弗斯说：“冒险会让孩子变得兴奋和勇敢，从而掌握一些重要的生活技能，孩子们需要探索未知……孩子们需要去玩那些具有挑战性的游戏，这样他们才能在日常生活中更好地处理危机。说得严重点，没有冒险精神的孩子就没有未来。”

4.不要轻易地对孩子的冒险行为说“不”

对于爱动、爱冒险的孩子，父母不要对他们的所有行为全盘制止或说“不”字，这会扼杀孩子对世界的好奇心，毕竟具有冒险精神的人更易取得成功。

在中世纪，当其他小伙伴还沉迷于弹子游戏时，马可·波罗的父亲和叔叔问他：“要不要同他们一起骑马从意大利旅行到中国？”这个热爱冒险的17岁男孩，竟然毫不犹豫答应了！马克·波罗是被认为最早考察中国的欧洲人之一。马可把这次旅行写成了一本很受欢迎的书《马可·波罗游记》，后来，就是这本书唤起了另一名意大利青年的冒险精神，他就是发现新大陆的哥伦布。

冒险精神是男孩对世界不断地求新认识、不断地开拓进取的信心，这种对周围世界积极探索的态度是极为可贵的。男孩有冒险精神是成年后成功必备的重要品质之一，但是，拥有理智的冒险精神才是男孩在冒险行动中更应该具备的。

细节7 做好心理准备，迎接喉结的出现和“变声”

当男孩发育日臻成熟，出现第二性征的时候，当男孩好奇地徘徊在伊甸园门口，想窥探其中奥秘的时候，父母是否意识到，孩子已经步入了青春期。青春期是孩子生命曲线的又一个高峰期，孩子在生理和心理上会发生很大变化，也会产生一些新的困惑和烦恼。作为父母，应该帮助男孩了解哪些知识，怎样帮助他们健康地度过青春期呢？软嫩的童声随着男孩青春期的来临变得粗哑而低沉，此时的男孩更需要父母在身体与心理上的双重呵护，父母应该帮助孩子自然而健康地迎接喉结的出现和“变声”。

1.喉结及变声的原因

人的喉咙由11块软骨作支架组成，其中最主要体积最大的一块叫甲状软骨。胎儿在2个月时，喉软骨开始发育直到6岁左右停止。进入青春期后，男性雄激素分泌增加，两侧甲状软骨板的前角上端迅速增大，并向前突出形成喉结，同时喉腔也明显增大，这样使男孩原先清脆的童声变成低沉而粗壮的成人声音。

2.喉结及变声的作用及特征

喉结及变声的出现是人体机能趋于成熟的必然表现，是男性与女性区分的重要标志，同时，甲状软骨起到对喉腔的保护作用。

男孩一般在13岁时进入变声期，15岁时几乎所有的男孩都已进入变声期。变声期长短不一，短者4~5个月；长者可达一年。主要表现为：喉结突出、声音嘶哑、音域狭窄、局部充血等。少数男性的喉结不是很突出，有学者认为青春期前一直从事大运动量的体育训练等会使喉结不明显，但声音还是男性音。

3.喉结及变声的好坏影响孩子的自信

随着喉结的发育，男孩的声音多出现异常，如声音嘶哑、音调不稳

等情况。直到变声期后嗓音才会粗厚、洪泽、圆润。处在变声期男孩的声音有时甚至会遭到家人、同学（尤其女性同学）的嘲笑，如果孩子不明其理，会给孩子的心理健康带来很大的影响。如果变声期男孩咽喉没有得到保护，还会使变声期后的声音不悦耳、沙哑等。

景兰是初二年级的学生，一段时期内，妈妈发现他不像以前那么爱说爱笑了，看起来像有心事似的。妈妈找到了合适的时机问景兰怎么了。

景兰说："我同桌嘲笑我的声音不好听，我自己也这么觉得。妈妈，以后我的声音不会一直都这样吧？"

景兰的回答让妈妈感觉到了自己的疏忽。

人的声音是人向社会展示自己的一个途径，声音舒适悦耳还是嘶哑嘈杂是一个人带给他人的第一印象。一个人拥有自信的、有说服力的声音，会得到比别人更多的机会。虽然，最吸引人的是话中的信息，但若没有美好的声音为载体，必会使内容大打折扣。所以，父母要注意从饮食起居等方面保护变声期孩子的嗓子，帮助男孩以正确的心态度过变声期。

1.让孩子了解喉结变化的原因以减少孩子的心理负担

虽然现在很多学校都开有生理卫生课，但是作为父母还是要了解孩子喉结及变声期的相关知识，以便为孩子讲解其中的原因。学校更多的是理论上的讲解，父母则可以让孩子在心理上接受自己特殊时期的特殊变化，以消除孩子的心理负担。

2.注意男孩变声期的饮食

父母可以为孩子准备富含胶原蛋白、弹性蛋白及钙质的食物，如猪蹄、鱼类、豆类、海产品等，主食应以软质、精细食物为宜。建议男孩少吃油炸类食物及生冷辛辣的刺激性食物，以避免嗓子受到刺激。

3.教育男孩注意自我保养

父母要提醒孩子平时应该注意的事项，如在学校要保护好嗓子，不要

没有节制地尖叫、乱喊，以免破坏声带，体育活动后不要马上喝冷饮等。在家中，要注意加强男孩的生活调节，保证充足的睡眠，多喝水，禁止吸烟、喝酒，特别注意伤风感冒、呼吸道感染对嗓音的影响。

总之，父母要帮助男孩做好心理准备，迎接喉结的出现及变声期的来临。变声期，只要正确、合理地保养，男孩就会有一个完美健康的嗓音。

细节8　父母不能忽视男孩的“青春美丽痘”

青春痘、粉刺是我们的俗称，医学上称为痤疮。青春痘的形成与雄性激素的分泌有关，一般情况下，青春痘更偏爱男孩。男孩进入青春期后，体内的雄性激素水平增高、分泌物增多，如果毛囊口阻塞，分泌物排不出去，积聚在毛囊内，就会形成青春痘。因此，男孩长青春痘的明显比女孩要多。青春痘多长在鼻翼两侧、额头等部位，还有的长在后背。

很多父母认为，男孩长青春痘是开始发育的象征，过了这一阶段自然会变好，于是，没有花心思在帮助男孩消除青春痘上。的确，一些男孩过一段时间后脸上的痘就消了，皮肤也恢复了往日的光滑，但也有一部分男孩却因此而产生强烈的自卑感——痘痘不仅没有消，反而越长越多，甚至留下凹凸不平的疤痕。同龄人会不自觉地远离长了满脸青春痘的男孩，这极不利于男孩的健康成长，应该引起父母们的重视。

由于青春痘的形成原因很复杂，我们这里介绍一些主要原因：

1.男孩自身的生理原因

青春期内分泌失调、脸部毛囊角化异常、神经过于紧张等，都会引起青春期男孩长青春痘。大多数人在青春期过后，青春痘的疤痕就会淡化或褪去；但是少部分人，到成年脸上仍有凹凸不平的疤痕。

2.青春期饮食不当

这类情况主要有：废物毒素排泄不畅及对油炸类、海鲜类的嗜好，为青春痘的产生埋下祸根。男孩一般都大大咧咧，很少注意生活中的一些细节，对饮食是否科学更是不甚了解，也很少有这种意识。

3.外在环境的影响

青春期男孩进入中学后，课业压力较大、睡眠不足，引起身体新陈代谢失调，皮肤也由健康的弱酸性变成碱性，失去自清自净的功能，导致细菌感染，引起青春痘的产生。另外，紫外线的照射使某些高防晒系数产品渗入皮肤致毛孔堵塞，这也会导致男孩长青春痘。

中考结束后，李女士发现儿子的面部和后背长了很多青春痘，李女士觉得这是正常现象，所以没有当回事。可到了高中开学后，儿子的青春痘越来越严重，不是开始时一个一个地长了，而是一片一片地长了，严重的地方都有些脓肿了，这让孩子格外烦恼，甚至影响了孩子的学习。李女士这才带着儿子去医院，医生对李女士说："这是痤疮严重导致的合并感染。如果在早期及时治疗会有很好的效果，可是现在即使治好了，也会有疤痕。"

传统观念认为，男孩不应该过于注重外貌，即使长了青春痘也无所谓，这使很多男孩青春期后脸上还留有痘痕，影响了孩子的外在形象。现代社会对人的形象越来越关注了，所以父母应该更多地关注孩子在青春期产生的这种生理情况，帮助孩子做到早控制、早治疗，给孩子一个生理的和心理的好形象。为了男孩的健康，父母还是应该关注男孩成长中的这些细节：

1.提醒男孩平时不要用手乱摸皮肤

督促孩子不要去抓青春痘，更不要用手挤压青春痘，以免引起化脓发炎，脓疮破溃后形成疤痕和色素沉着，影响美观。因为未经消毒的皮肤

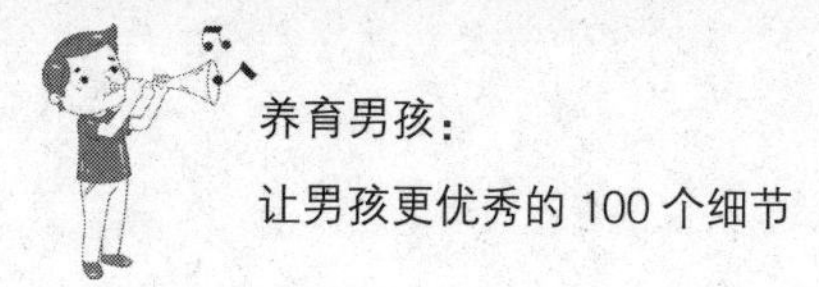

和手指、不专业的手法、不正确的判断青春痘的程度，都很容易伤及真皮层，留下永久性的疤痕和色斑。

2.饮食上进行调理以减轻症状

医学研究认为，长期的饮食结构不平衡、作息时间无规律等因素会导致内分泌失调，雄性激素过盛，最终导致痤疮丙酸杆菌大肆繁殖，毛囊口被堵塞或发炎。青春痘与饮食有很大的关系，父母应重视孩子饮食方面的调理，建议青春期男孩少吃脂肪多的食物，少吃刺激性食物，少吃海鲜类食物，适量食用富含维生素A的食物。

3.日常清洁很重要

很多青春期男孩即使脸上起了青春痘也不在意，更不会去注意皮肤的清洁和卫生，其实此时的清洁是很重要的。除了早晚清洁以外，长时间室外活动后，都应该进行清洁。当然，母亲们需要做的就是帮助男孩选择适合他们皮肤的清洁用品，而不是随便买一块香皂就草草了事。

男孩的青春痘是孩子健康出现了不良状况的反映，父母们不要因为孩子是男孩，就忽视了孩子的“青春美丽痘”，虽然没有青春痘的青春是“不完美”的，但不希望父母们让这种“完美”一直跟随孩子走向工作与婚姻，甚至让这种青春痘影响孩子以后的工作和生活。

细节9　让男孩从小就以“男子汉”自居

父母们都希望男孩长大后具有“男子汉”的种种优良品行，有些男孩的父亲本身就是男子汉的优秀代表，但有时父母会认为孩子太小，没有必要进行这样的教育，等孩子大了再教育也不迟。可父母们需要明确，孩子的品行教育是要从小就培养的，这是一个长期的过程，不是一朝一夕的事

情。如果父母怕自家的男孩长大后缺乏男子汉气概，就应该让男孩从小以“男子汉”自居，这是很必要的。

1.从小灌输男孩“我是男子汉”的观念

无论是一种好的习惯，还是坏的习惯，一旦养成，就往往成为一种“定势”。当然，习惯的养成，关键还在于持之以恒的严格训练，在训练中讲清道理、导之以行，长此以往，必然会收到良好的效果。父母们想让自己的孩子长大后当之无愧地被称为“男子汉”，就要从小培养男孩的“男子汉”行为，这首先得从意识上让孩子树立“我是男子汉”的观念。

父母明确了培养男孩“男子汉”的理念，才会提早预防，避免自己的不良行为对孩子产生负面影响。

由于崔女士和丈夫长期两地分居，为了让儿子拥有良好的男性气质，从儿子小时候崔女士就经常对他说：“赞赞是男子汉，要保护妈妈。”儿子也奶声奶气地说：“我是男子汉，要保护妈妈。”儿子渐渐长大了，很坚强、很勇敢，遇到什么事都知道护着妈妈。崔女士对此感到很欣慰，因为儿子的成长离不开她的培养。

2.对男孩的教育不要过于娇惯

社会认同中，男性的特征是果断、刚毅、宽广等，父母应提倡“男孩要有男孩样”，培养孩子与其性别角色相符的个性。不过分娇惯男孩，父母要鼓励男孩子去探索，给男孩子锻炼勇气的机会。当然，男孩的野性很容易让他们成为“小霸王”，会使他们养成自私、小气的性格。父母也要注意及时纠正男孩的种种不良习性。

3.言传身教并举

男孩的父亲，在生活中扮演着榜样的角色，对于父亲而言，言传身教就是一种责任，要给孩子树立诚实、守信的榜样；男孩需要父亲的循循善诱，也需要父亲宽广的胸怀，父亲要包容孩子的小缺点，忌讳简单粗暴地对待孩子，因为宽容、大气也是男子汉的主要标准。

4.男孩在适当的年龄需要自己独立的空间

有的男孩都已经很大了，还和父母住在一起，自己不敢睡觉、不点灯不睡觉等，殊不知，独立的空间是男孩走向独立的第一步，这步迈出去了，父母才能对孩子谈到男子汉的教育。

身为男孩的父母，男子汉的养成教育任重而道远，父母需要对男孩不间断地教育与培养，让男孩明确自己的性别、明确自己在社会中要担当的角色，这将会给孩子未来的学习、工作和生活打下良好的基础。

第二章

男孩从小就要建立安全意识

细节10　会游泳是男孩的自救本领之一

水是我们的生命之源，却也给我们带来很多危险，每年都有不计其数的男孩因溺水而失去宝贵的生命。男孩应该学会游泳，这样才能在遇到危险的时候积极自救。

一般来说，孩子学习游泳，父母最担心的是孩子的安全问题。其实，父母们更应该担心孩子不会游泳而给孩子带来的安全隐患。据调查显示，溺水已经成为我国儿童意外死亡原因中的一个重要方面，如果男孩学会游泳，就等于掌握了一门自救的本领。

1.学习游泳的必要性

儿童意外伤害研究显示：0～14岁儿童溺水死亡占全部溺水死亡的56.04%；0～14岁男孩溺死率是女孩的1.63倍。由于孩子可能会面临溺水的危险，有备无患，教会男孩掌握游泳这项技能是必须的。当孩子遇到危险时，可以自救，防止溺水而亡。

长江边两名十二三岁的男童溺水，一群大学生下水相救。因大多数同学不会游泳，大家决定手拉着手组成人梯，伸向江水中救人。当第二个小孩快被救上岸时，由于体力不支和暗流的冲击，人梯散了，9名大学生落水，3名大学生溺水死亡……

溺水的大学生让我们痛心和钦佩，可从事件的另一个方面来看，如果溺水的男童会游泳，他就能够自救；如果大学生们会游泳，也不会有那么多人溺水而亡。

2.游泳可以增强孩子的体质

如今，在美国等发达国家，婴幼儿游泳的概念已被广泛接受和应用，并取得了良好的效果。新生儿出生3~7天就可以开始游泳了，最理想的时间是出生3个月，如果在冬季、春季游泳，还可以提高宝宝的抵抗力。另外，经常游泳能有效地增强体质，增强身体的同步协调能力，提高孩子的心肺功能和免疫力等；游泳还可以提高孩子的大脑功能，促进大脑对外界环境的反应能力、应激能力以及孩子的智力发育。

3.游泳能促进孩子的身心发展

研究表明，娴熟的运动技能有助于孩子保持良好的心理状态，更有利于孩子的身心全面发展。尤其是男孩在社会上的压力较大，让孩子拥有游泳技能可以为孩子找到一个宣泄压力的好办法，学习累了，压力大了，去游一会儿泳，身心就会得到放松。当然，孩子如果从小学会游泳并拥有这方面的天赋，以后可以朝着专业游泳方面发展，也可为孩子今后从事与水域有关的工作打下基础。

我们都知道一项运动技能的掌握是通过学习得来的。游泳也是如此，并不是每个人天生就会的。但因为男孩天生好奇、天生鼓劲冒险，所以，一般男孩都喜欢游泳。

1.明确孩子必须学习游泳的态度

有的孩子不喜欢游泳或是不喜欢运动，如果父母抱着“不要强迫孩子”的想法而去听之任之是不可取的。孩子小时候还不能很好地分辨出“有用”“无用”，父母要明确地告诉孩子，学习游泳就是学习自救的本领，是必须学习和掌握的技能。父母可以让孩子多观看游泳的大型体育项目。通过模拟与观看，也许会让孩子对这项体育运动产生兴趣。

2.不要给孩子灌输怕水的概念

有的父母自己怕水，不会游泳，所以对孩子进行“水是可怕的”概念的灌输。这样会让孩子以为游泳是件可怕的事，使孩子产生畏惧游泳的心理。男孩从心理上对游泳产生了排斥，不愿意去学习游泳，即使到了泳池，也不敢下去。所以，父母即使真的怕水，也不应该在孩子面前表现，而应支持孩子学会游泳。

3.让男孩了解游泳时要注意的事项和相关知识

进入水中游泳，就会有危险存在，所以，父母要让孩子了解游泳时必须注意的事项，保证自身的安全。如下水前一定要做好准备活动，在水中腿脚抽筋了如何处理等。了解一些相关知识，如游泳时间不能过长，剧烈运动和强体力劳动后，不能立即下水游泳……一般半小时左右就应上岸休息；游泳后要用清洁的水冲洗身体等。

学会游泳，终生受益。男孩学习游泳，作为一项生存技能，是其他体育项目所无法替代的。

细节11　父母应教会男孩应对各种突发灾害

生活中存在着很多因素可能导致孩子面临危险，父母要教会孩子采取正确的方法面对各种突发危险。迅速脱离险境，保证自身不受侵害，是保证孩子健康成长最重要的内容。

地震、火灾、恶性伤害事件、交通事故等各种突发灾害，不时地出现在人们的生活中。

大人们经验丰富，阅历多，相对之下能较好地应对突如其来的灾害。然而，如何教会孩子正确地应对各种突发灾害，保证自己不受到伤害或减少伤害，学习这方面的知识和技能，则显得更为迫切和重要。

1.男孩应知晓应对突发灾害的常识

《老子》中有这么一句话：“祸兮福所倚，福兮祸所伏。”这里我们可以把 “祸”理解为“灾害、灾难”；“福”就是指在灾难面前采取正确的应急措施而达到解危除害的目的。这句话以朴素的辩证法表现福与祸的对立与转化，告诉我们平时积累应对灾害的知识，就能够在灾害来临时沉着应对，就能转“祸”为福。如拥有了急救常识，在自己突然受伤时，就会采取相应的处置措施，减少更大的伤害，为自己争取救治的时间。

2.警惕人为灾害，防止意外伤害

在孩子成长的过程中，父母肯定不希望孩子遭遇到任何意外伤害。然而，残酷的事实告诉我们，我国因意外伤害造成的儿童死亡占儿童死亡总数的26.1%。在人们的心目中，家庭应该是最安全的地方，而上海儿童医学中心提供的资料显示，52%的儿童意外伤害发生在家里。家庭造成儿童意外伤害的主要危险因素是父母照顾不周或家中存在危险的因素。

在一家医院的急诊室里，医生们在紧急抢救一个因触电而休克的12岁男孩。孩子的妈妈一边看着医生抢救自己的孩子，一边哭诉着孩子触电的经过。休息日，孩子和他的表哥在家里玩，孩子的爸爸不在家，妈妈在邻居家玩。两个孩子想看电视，电视却没电。因为插座接触不好，电视经常会出现这种情况，每次电视没电，动一下插头就好。这次，孩子也想动一下插头，没想到插座漏电了，孩子触了电，当时就昏死过去。表哥赶紧找回了孩子的妈妈，妈妈把孩子送到医院抢救，但孩子还是没有睁开眼睛。看着一动也不动的孩子，妈妈哭得几次昏过去，醒来后反复说一句话：“都怪我呀！那个插座早就想换，却就是没换。”

这样的事情不知道发生过多少起，不知道有多少孩子受到了伤害。做父母的，要保护孩子，就要把家里的电器、火源、刀具、药箱等影响孩子安全的因素处理好，教育和看管好孩子，让孩子远离这些不安全因素。

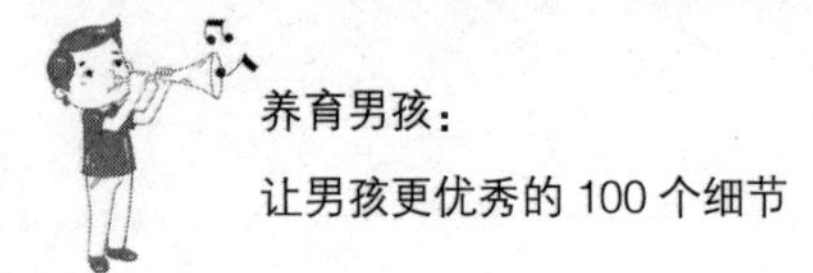

和自然灾害比起来，人为的灾害对孩子们的伤害更多。例如，公交车突然出现故障、孩子在乘坐电梯时电梯出现故障、家里的电路引起火灾、孩子被诱拐、家里煤气泄漏、孩子在学校玩耍时突发疾病等。多数男孩比较好动，发生危险的系数也较女孩高，作为男孩的父母不能忽略这些情况，应该利用各种机会对孩子进行应对这些灾害的教育。多数人为灾害是人们不警惕引起的，所以平时该遵守的规则一定要遵守，如走路坚决不闯红灯、不在施工现场玩耍、不在易燃品附近燃放烟花爆竹等。

3.在自然灾害面前要沉着应对

自然灾害的发生一般都是突如其来的，孩子在突然出现的灾害面前，能够沉着冷静地面对，能把平时学到的常识运用起来是至关重要的。如汶川地震时，有很多沉着冷静的少年，就做到了自救，同时还救助了身边的同学和朋友；而一些惊慌失措的人，因不能理智地想办法应对灾害而受到伤害。

汶川地震发生后，17岁的马志成成了不幸中的幸运儿。灾难发生后，马志成所在的房屋整个坍塌，他被压在了梁下。亲戚们知道他被埋，可由于雨势较大，无法救援。5小时后，雨水渐弱，人们再次返回现场，却惊讶地发现马志成已经自己爬出了废墟，躺在了泥水中。据马志成自己说，被掩埋后，房梁虽然压住了他，但形成了一个小空间，他能够活动手臂，也能摸到全身的各部位。在等待了几小时后，他开始一点点朝一个方向挖掘，一直不断地用手挖，最后竟然爬了出来。

归根结底，对于突发性灾害，我们应重在预防，减少突发事件发生，减轻和消除突发事件引起的伤害，及时消除风险隐患，防患于未然，这是最重要的。这里的关键就是一个意识问题，心中常有安危意识，才能处处注意安全，少受伤害。我们的孩子如果了解了各种突发事件的应对策略，事情发生后，就能理智地采取有效措施，积极自救，拯救他人，这正是每一位父母所期望看到的。

细节12 不要让他人误踢到自己的私处

男孩的生殖器发育正常与否与他们将来的生活息息相关，但是部分父母只关心孩子的智力教育、心理教育和体能教育，却对男孩的生殖器官发育及保护情况关心不够，导致有的孩子受伤，严重的则会影响孩子的一生。

我们平常所说的男孩“私处”就是指男孩的生殖器。男性生殖器包括内外生殖器，是男性生殖繁衍后代的器官，男性生殖器到青春期时开始发育，发育成熟后即具有生殖的功能。所以，生殖器的健康对儿童的生理、心理都是至关重要的。父母平时要教育孩子保护好“私处”，准确地说是防止外力对外生殖器的撞击。

1.男孩好动的天性，让他们容易受伤

男孩的性格特质表现出的好动天性，让他们更容易让自己的私处受伤。小时候，男孩们的互相打闹、爬墙上树，青春期时的足球运动等体育活动，都容易让孩子的私处受伤。所以，从小就让孩子有保护自己私处的意识，这样当男孩遇到危险时，他们就会下意识地保护私处，以减少受伤害的程度。

2.同龄孩子好奇心的驱使

对一个孩子来说，遮掩的地方总是让他们更好奇的地方，如有的男孩会故意掀起女孩的裙子；有的男孩会在卫生间看看别的男孩是否和自己的生殖器长得一样。由于这种心理的存在，孩子之间会做出许多不当的举动，从而伤害自己或他人的私处。此时，父母需要积极地引导孩子如何正确地对待自己或别人的隐私。

5岁的留守儿童小龙从幼儿园回家后有些打蔫，爷爷并没有在意。其后的两天，小龙的情况加重，已经不能上学了。细心的姑妈在小龙的裤子上发现一些脓状黄色液体，接下来的发现更是让姑妈震惊不已：小龙的生殖

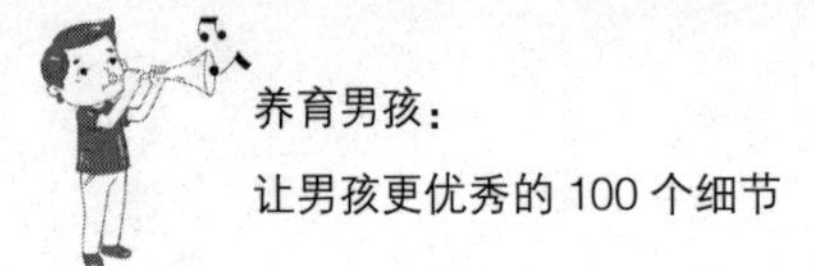

器上被缠了一根橡皮筋，生殖器已经肿大异常。原来，小龙在幼儿园上厕所时，被一名小同学强行在生殖器缠了一根橡皮筋。家人立刻把小龙送到医院医治，经诊断，小龙的阴茎已经完全坏死并出现感染。为了保住小龙的性命，只好切除了他的生殖器……

这是个刚刚发生在新年伊始的悲剧，年幼的小龙在接受手术后，又恢复了活力，可家人们却都愁眉不展，因为他们不知道随着小龙的成长，以后让孩子怎么面对残酷的事实。这个故事足以警告父母们应该更严肃地教会孩子对自己私处的保护。假如小龙第一天被伤害时就对父母说，假如伤害小龙的男孩曾经接受过父母的教育不要伤害自己及他人的私处，结果应该会不一样吧。

3.因打架受到伤害

男孩间经常会发生打架的事情，这是由男孩的性格决定的，也是很正常的。打架的时候，男孩们通常手脚并用，顾不上其他，伤害“私处”的事情时有发生。

那么，父母应该如何教育男孩保护“私处”呢？

1.让孩子了解生殖器的重要性，重视对男孩“私处”保护的教育

一些父母或许觉得难以对孩子说出口，或觉得孩子自己会注意保护，很少或根本不和孩子谈“私处”的事。因为没有为孩子讲解生殖器的重要性、私密性及对它的保护，使得孩子没有这方面的知识，这是引起孩子受伤的直接原因。所以，父母在自己的意识里就要重视这件事，不要觉得这些是不可能发生的事情。在对孩子进行性别教育的同时，父母要给孩子讲解生殖器的作用及重要性，并告诉孩子注意保护好自己的私处，告诉孩子不能让外人踢到、伤害到自己的生殖器。如果父母们觉得实在不好意思开口跟孩子讲这些，可以用写信的方式或小纸条给孩子看。

2.要教孩子一些私处的保护技巧

教会男孩在可能伤害到自己私处时的自我保护技巧，是父亲的责任。

在谈到这个问题时，一个爸爸这样对儿子边说边演示保护私处的动作：右腿在前，左腿在后，右手遮面，左手挡着生殖器。他告诉儿子：如果有强壮于你的任何人袭击你，你都要这样做。上面的手用来挡住面部，保护你的五官，下面的手保护生殖器，这上下两处是不能让人碰撞的部位，这非常重要。爸爸还提醒儿子："你看到足球比赛上，对方罚任意球时，球员站在一排，手都是这个样子的，就是为了保护自己。"于是，儿子很快就学会了。

3.让孩子知道受到伤害要及时告知父母

当孩子进入幼儿园或长时间外出以后，一定要告诫孩子，在外面发生的事情，特别是受到伤害时一定要告诉家人、告诉老师；父母也要不时地去幼儿园或孩子经常活动的地方了解情况。另外，如果孩子还小，在为孩子选择游玩场所时，一定要注意是否有尖锐物品，以免伤害到孩子。

教会孩子保护好私处，是每一位父母应该尽到的责任，也是教会男孩保护好自己的生活。这是关系到孩子一辈子的大事，父母们千万不要忽视自己的责任，不可掉以轻心。

细节13　男孩要学会控制自己的"攻击性"

儿童教育家蒙台梭利指出：男孩长到2岁左右的时候，到了自我意识的敏感期（2～3岁），这时候的孩子概念中有了"我"的意识，这是"我的"、不能动"我的东西"等。很多父母会发现，这时期的男孩特别爱打人。此时，父母不要简单地责怪孩子，要找到孩子具有这种攻击性的原因，如果孩子此时的攻击性行为没有得到很好的控制，长大后会有更严重的打架行为出现。

攻击型人格是青少年期和中青年期常见的一种人格障碍。这样的男孩，情绪高度不稳定，极易产生兴奋的冲动，办事处世鲁莽，缺乏自制自控能力，稍有不顺便大打出手。

1.生理原因

美国心理学家詹姆士·杜布森在《培育男孩》中写道："是什么使得年幼的男性调皮捣蛋？是什么内在的力量推动着他们在灾难的边缘玩跷跷板？男孩之所以这样，是因为受激发攻击性行为的荷尔蒙的影响。"一些研究人员发现男性更倾向于通过攻击挑衅行为来提高身份和地位，增加魅力以吸引异性。

2.心理原因

进入青春期的男孩，心理上会过分强调自己作为男子汉的刚毅、攻击性等特征。因此，他们会在同龄人面前，特别是有异性在场时表现出较强的攻击性，以证明自己是一个男子汉。另外，男孩的自尊心特别强，如果经受挫折，往往反应特别敏感、强烈，从而产生攻击性行为。

3.孩子成长环境的影响

从家庭角度来看：家庭气氛紧张、家庭破裂、性别偏见、父母不正当的教育等，会使孩子由于精神长期处于紧张状态，致使精神受到严重创伤，心理发育受到影响，从而引起孩子发育中的种种行为问题，如人际关系差、攻击他人等情况。一般来说，攻击性与家庭教育有较大关系。

从社会环境影响来看：各种武打片、各类打斗的网络游戏也会严重影响孩子的认知。

初一学生张涛是班里有名的破坏分子，动不动就揍他的同学。后来老师家访发现，张涛的父亲爱酗酒，喝多了以后就爱打张涛，老师认为张涛的行为是受他父亲的影响。

当男孩攻击性太强，因为一点小事就大发雷霆甚至动手，他的人际关系就会受到影响，进而会影响到他的学习和生活，不利于他的成长与进步。那么，父母应该怎样帮助男孩学会控制自己的“攻击性”，不产生打架斗殴的念头呢？

1.调整男孩的心态很重要

生活中，无论遇到什么样的困难、做什么事情，良好的心态是克服困难、取得成功的关键，心态会直接影响一个人的价值观和行为方式。有这样一句经典的话：“要么你去驾驭生命，要么是生命驾驭你。你的心态决定谁是坐骑，谁是骑师。”让孩子拥有好的心态，注意自身的修养，孩子就能正确对待生活中的得与失、成与败，就能够用宽容的心理对待周围的人和事，就不至于控制不了自己而攻击别人。

2.教会孩子解决问题、缓解压力的方法

受父母及社会的影响，今天的孩子普遍存在心理压力过大的问题，遇到一些矛盾或问题，孩子不会处理，就只能采取单一的暴力解决的办法了。父母平时应该教会孩子解决问题的处理方法，和孩子进行有效的沟通，让孩子明白父母在时刻关心他，他就会在遇到困难时，寻求父母的帮助，而不是一个人独自不理智地去解决。

3.为孩子奠定良好的家庭环境

平和的生活氛围也是孩子必不可少的，尤其作为父亲，千万不要养成轻者动口、重者动手的习惯。什么事情都要通过沟通的方式来解决，家庭生活中的一些矛盾，可以适当地让孩子参与到讨论当中，判断谁对谁错，然后虚心地接受孩子的判断。这样不仅可以让孩子学会处理问题的方法，还可以增强孩子的自信。在融洽的家庭中生活，孩子的心态就能够保持平和，遇到问题就能多用平和的办法来解决。

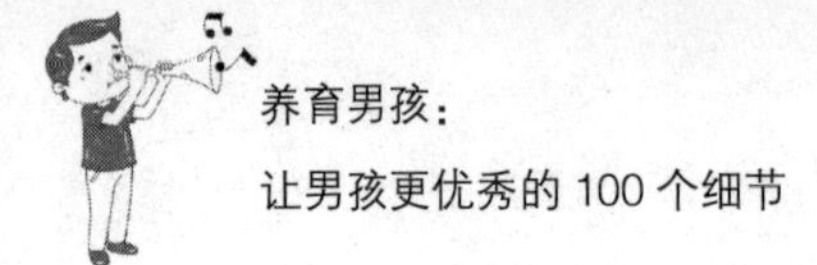

4.正确引导男孩的攻击性行为

对于男孩的攻击性行为，父母要进行正确地引导，要教育孩子不可恃强凌弱，不欺负弱者，更要保护弱者；要与人友好相处，学会与人分享、合作；对于以强凌弱的行为要勇于站出来制止。要让男孩知道，我们的“攻击性”不是为了欺负别人，而是为了自强不息。

细节14　提高男孩对“群架”的“免疫力”

近年来，中小学特别是中学生打群架的事件剧增，很多教育专家、心理专家呼吁家庭、学校及社会关注青少年的心理健康，尽量减少校园暴力的发生。一些男孩对打群架有一种“向往”，不管打架的原因与自己有没有关系，只要有人招呼一声，他们便不计原因和后果，欣然而往。因此，参与打架的孩子受到人身甚至生命伤害的事件时有发生。那么，为什么男孩会有打群架的倾向呢?

1.心理压力过大

青春期的男孩很好动，对很多事情都很想尝试。然而，他们心智不成熟，自我控制能力较差，加上学习、升学等压力太大，男孩们很容易迷失自我，对道德观、价值观等存在某些不正确的认知，而这些不正确的认知往往通过某种破坏行为来表现，如通过打架、抽烟等极端的方式。有的孩子压力大又无处宣泄，就会加入到打群架的行列，发泄出内心的冲动。

2.男孩意气用事

今天男孩们的生活环境是一个开放式的环境，形形色色的思潮冲击着他们的心理，一些不良的风气和不健康的思想，如个人主义、兄弟义气等对他们的负面影响不容低估。这些孩子在遇到所谓的兄弟有难时，都会义

无反顾地去帮忙打架，这也是很多群架发生的重要原因。像电视剧《阳光灿烂的日子》里的那段群架场景似的，原本只是两个小男孩间的矛盾，居然差点引发了一场几百人的群架，这就是意气用事的后果。

吴某、鲁某等8人都是某所职高的学生。一天，因其他学生发生纠纷，两人出于哥们义气，纠集好友为各自的哥们出头，最终导致两名学生受伤。此事惊动警方，吴某、鲁某等参与打架的8名学生均受到法律的制裁。

3.与孩子从事的体育运动有关

美国一项对高中生的健康调查显示，参加足球、摔跤等运动的男孩子，在运动场外也会表现得很好斗，他们比其他男孩更容易打架。调查者提醒说，将身体接触性运动与暴力行为分开是很重要的。父母和教练不要把打架看作是男孩特有行为而放任不管，应该强调孩子学会自我控制和尊重他人，不应一味灌输“胜利就是一切”和“将对手置于死地”的观念。否则，参与身体接触性运动的孩子，就很容易把在运动中学会的暴力动作应用到日常生活中。

一般来说，青春期的少年情感尚不稳定，极容易犯下错误，所以父母应对青春期少年更加重视，从而提高男孩“群架”诱惑的“免疫力”。

1.加强男孩的法制观念

父母对孩子进行一些简单的基础法制教育是很有必要的。

某地一连发生了几起较大的犯罪案件，据调查，发现是一伙十几岁的无业青年针对单身开车女性进行抢劫。这些孩子的法制观念极其淡薄，案件破获后他们接受采访时表示，不知道抢劫罪有多严重，很单纯地认为抢劫杀人后不会暴露自己的行踪，警察抓不到自己就没事了。

目前，父母、学校更注重的是孩子的学习，父母们领着孩子学习文化课、参加兴趣班，却没有父母领着孩子去学习一些法律知识。父母关心的是孩子的分数，许多孩子可以说就是法盲。所以，对孩子进行基础法制教

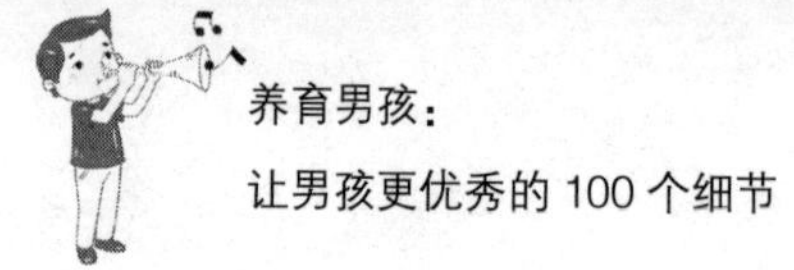

育是必须的。

2.从小培养男孩解决矛盾的能力

很多时候，青少年打架只是因为一时的冲动，如果让孩子养成什么事都讲清楚的习惯，帮助孩子处理与同学、朋友间的关系，就可以很好地避免孩子打群架的可能性。告诉孩子“打架真的是没有头脑的一种表现”。另外，有些父母的做法值得深究，从孩子上幼儿园起，父母就经常向他们灌输不能吃亏、被同学打了一定要打回来的观念。这种“以牙还牙、以暴制暴”式的家庭教育方式，本身就潜藏暴力的因素，这种教育方式对孩子处理生活中的矛盾是不利的。

3.让孩子少接触暴力漫画和影视作品等

研究人员公布的一项研究结果表明，频繁接触暴力东西的孩子较之其他孩子更容易焦虑、暴力。父母应该避免孩子接触暴力漫画和影视作品，用积极向上的书籍和作品来影响孩子。

先贤们都很重视道德修养，提出“吾日三省吾身”，把自我修养当作每天必须的课程，“君子慎其独也”，则是更高的修身要求。父母慢慢教育孩子，使孩子从小就养成良好品格，注重自身的修养，是男孩远离群架、远离暴力的最好方法。

细节15 遭遇陌生人的威胁时不要逞能

2009年下半年有几则这样的新闻，至今让我们触目惊心：某南方城市接连发生多起儿童绑架案，至少有两名儿童遇害。随着社会的发展，社会压力的增加，一些铤而走险的犯罪分子不断对儿童诱拐、绑架，以达到他们的目的。来自“陌生人的威胁”也主要是诱拐、绑架等。

据有关调查显示，犯罪分子大多都是找到当地教学条件较好的学校，在学校附近踩点，一种是观察学生，寻找家境比较好的儿童；另一种是观察用好车接送的孩子，然后在孩子单独一个人的时候，施行绑架或诱拐。

虽然孩子被诱拐或绑架是一些偶然的事情，可是作为父母，这方面的防范意识还是不能少的，不仅父母要具备这样的意识，孩子也要有这样的意识。面对诱拐或绑架的威胁，父母应教会孩子面对。

1.预防是根本

尽量杜绝危险因素存在的可能性，从思想上向孩子灌输："陌生人的东西不能要""不能跟陌生人走"，即使熟悉的叔叔阿姨没有父母的信息也不能走等。特别是孩子小不太懂事的时候，父母不要因为工作忙，随便找个人就去接送孩子，这样会降低孩子的警觉性。如果特殊情况，需要外人接送，也要让孩子养成没有接到父母电话不会和别人走的习惯。孩子在外面玩耍时，尽量找看得到孩子的地方。

2.父母和孩子尽可能不要显富

一些孩子受到诱拐或绑架的主要原因是父母和孩子显富，穿名牌、坐好车，告诉犯罪分子我们家里有钱，这样就容易引起犯罪分子的注意。所以，父母和孩子要低调一些，不要给犯罪分子了解自己的机会。

3.稳定，不要激怒犯罪分子是关键

当遇到来自陌生人的威胁时，男孩总想跟对方一争高低而不甘示弱，这往往会增加危险系数。

其实，父母在教男孩遇事要勇敢的同时，还要让孩子知道，如果没有十足的把握，不要和犯罪分子硬碰硬，要顺从犯罪分子的意识，再伺机行动，寻求各方面的帮助，更不能在人少的地方轻举妄动。

某村村民绑架了村主任的儿子浩浩，并藏在家中的地窖里。后村主任报警，村民因为害怕，准备到村外放了孩子。村民拉着被绑架并蒙着眼睛的浩浩在村外坐车转了几圈后刚要放了浩浩，却被浩浩说的话吓坏了，最后竟杀了浩浩。犯罪分子被抓后交代杀人的原因，他说原本想放了浩浩，不承想浩浩却说："我知道，我根本就没出村子，你就带我转了几圈，我数着数呢！"……

如果不是孩子的几句话激怒了犯罪分子，浩浩的生命可能就不会受到侵害。

4."装傻充愣"才是孩子的明智之举

实际案例告诉我们，孩子在绑架中，装傻是一个很明智的举动，这样会降低犯罪分子的警惕性，同时，可以对孩子的生命起到更好的保护。

某市几乎同时发生了两起儿童绑架事件，但一名儿童被撕票，另一名儿童却得救了。后来犯罪分子交代，两名儿童，其中被撕票的儿童每天对着犯罪分子大喊大叫，不吃东西，最后犯罪分子怕泄露行踪而撕票。那名获救儿童，则显得相对沉着冷静，在被绑架后，他对犯罪分子说："叔叔，我想看书。"其后，他一直安静地看书，安静地吃饭，最后等到了警察来解救。

父母应该让孩子知道，生命是最宝贵的。当遇到"陌生人的威胁"时一定不要逞能，沉着、冷静地保护自己的生命才是最重要的。

细节16　避免身体受到意外的伤害

一项最新的调查表明，意外伤害已成为世界各国儿童的第一"杀手"，中国儿童死亡原因中26.1%为意外伤害，而且这个比率每年还在上升，这给中国父母带来了极大的忧虑。据不完全统计，我国每年有一万名中小学生因食物中毒、溺水、车祸等死亡，平均每天大约有一个班的孩子因意外事故而过早地离开人世。

1.孩子受到意外伤害的形式不一

调查显示，儿童意外伤害，在年龄特征、性别上也有区别。1 岁以内婴儿多因窒息死亡，1~4岁儿童常死于溺水，5~14岁儿童则以车祸为主要死因。调查还显示，儿童意外伤害具有明显的季节性、地区差异和年龄特征。南方儿童意外伤害的原因多是溺水、窒息和车祸，而北方儿童更多的死于窒息、中毒和车祸。城市儿童的首位意外死因是车祸，农村则为溺水。

另外，男孩意外伤害发生率高于女孩。4岁以内的男孩协调能力、动作能力都较差，没有避让危险的能力，而其好奇心又比女孩更高。

2. 4岁以上儿童溺水、车祸意外最多

调查显示：儿童意外伤害50%是溺水、18%是交通事故、5.3%是意外跌伤。这些情况的发生，有些是孩子自身的危害性行为，如看到水塘孩子就想下去玩，孩子不遵守交通规则，在马路上不注意避让。有些设施的管理不善也是造成孩子受到伤害的重要原因。如在有大江、大河的城市，河堤栏杆不够高度，封闭性不是很好等情况，都容易造成孩子落水。

3.大多数发生意外的孩子是缺乏父母看护

在国外，如果把10岁以下的孩子单独放在家中的话，孩子父母是要受到处罚的，甚至刑事处罚。目前，中国没有这样的法律规定，而有些孩子的父母也没有危险意识，导致孩子的安全存在很大的隐患。

2岁的强强一个人在屋里玩，妈妈在厨房做午饭，突然妈妈听到一声惊叫，匆忙跑回屋内。原来强强在玩电源，被电到了，所幸电源的电量很小，对孩子的伤害不是很大。

意外伤害对父母和孩子身心的影响都是难以弥补的，轻者伤害了孩子的身体，重者伤害了孩子的生命，所以一定要引起父母的高度重视。

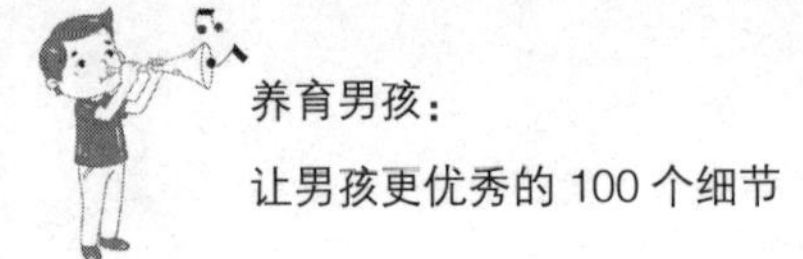

1.家里危险环境的清除

如家中各种有毒物质要藏在孩子找不到的地方；家里的电源要针对孩子设置安全性能高、不易被孩子打开的插头；尖锐桌角、床角等要包好；孩子游戏的场所应铺地毯；窗户、阳台、楼梯口应有栏杆，栏杆旁不可以放椅子，以免孩子攀越；水缸要加盖，浴盆、水池内的水用完后要放掉；热水瓶、剪刀、刀、药品等应放在孩子取不到的地方；孩子的玩具要安全，无毒；玩具外形应光滑无尖角；易燃、易爆物品不能给孩子玩耍等。

2.好习惯的养成

让孩子养成一些好习惯，如热的东西不要随便吃、走路时要遵守交通规则、吃饭时不嬉笑打闹，这些都是日常生活中应该养成的习惯，从而起到自我保护的作用。父母也要养成安全习惯。例如，一些腿脚不好的爷爷领着幼小的孙子闯红灯；动作不灵活的姥姥骑自行车驮着孩子“超车”……有些老人因为成长的时代不同，没有养成必要的安全意识，所以孩子的父母需要提醒孩子的隔代监护人适应时代的变化，提高安全意识、养成好的习惯。

家庭、学校、社会也应积极开办安全教育课，把安全意识放在首位。尽量减少孩子身体受到意外的危害，使孩子在危险真正出现时，能够及时保护自己，减少悲剧发生。孩子有个好身体，比什么都重要。

细节17　珍惜生命是给家人最好的礼物

父母赋予孩子最宝贵的东西是生命，那么孩子能给父母最好的礼物当然就是珍惜生命。一些遇到困难就选择轻生的孩子，可以说他们是可悲又可怜的。因为他们没有明白“人最宝贵的是生命，生命每个人只有一

次”。调查表明，15～35岁人群死亡的第一位原因是自杀。近几年，青少年自杀呈明显的低龄化趋势。那么，孩子产生轻生的原因主要有哪些呢？

1.个人心理疾病及性格因素

患有抑郁症、焦虑症等心理疾病的患者轻生比率较大。一般情况下，轻生的人性格都比较内向，具有依赖性强、情绪不稳、敏感多疑等性格特征。这种偏执的性格往往导致心理疾病的产生。一旦孩子心理健康出现了问题，就不能用正常的心态去理解生命，容易做出轻生举动。

有些孩子不能正确对待批评，不能正确对待挫折和失败，不能正确对待生活中的矛盾，就用轻生来解决。

一个上初二的男孩，因为一次考试成绩不理想，爸爸妈妈批评了他一顿。没想到，这孩子第二天就离家出走了。爸爸妈妈动员了所有的亲朋好友四处寻找，都找不到。一周后，因为男孩在网吧里没钱了，才被警察送回家。

爸爸妈妈到楼下去接他，爸爸和警察在楼下说话，妈妈领着孩子先上楼回家。妈妈边走边批评他，可能是言辞重了些，孩子接受不了，就快步地往楼上跑，妈妈也紧跟着上去了。爸爸刚要上楼，却听见楼前咚咚的两声。爸爸十分纳闷，这是什么声音，到楼前一看，妈妈手拉着儿子的衣服，两人都躺在血泊中。从七楼摔下来，结果可想而知了。后来人们分析，孩子上楼后要跳楼时，妈妈肯定是不放手去救孩子，结果妈妈也掉下去了。

一些青少年缺乏责任感，以自我为中心，不去顾及家人的感受，也许老师的一句“你真笨”、父母的一声“真是白养你了”等不好听的话，就会让孩子产生轻生的念头。由于性格因素导致的轻生，父母们需要好好地反思在培养孩子性格时是否有所遗漏。

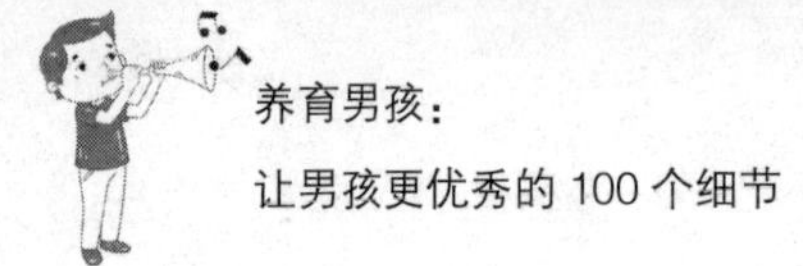

2.社会因素

社会环境的变动，如贫富差距、竞争压力、恋爱关系等都会给青少年带来心理上的冲击，心理承受力差的人这时候就会产生轻生的念头。有一段时间，在孩子中间流传着一种叫“死亡日记”的笔记本，这是根据日本恐怖漫画印刷而成的笔记本，很多中学生都买过。这种为了利益而不顾青少年特殊成长阶段的做法，严重影响了孩子的成长。

那么，让孩子对自己负责、对他人负责，父母教育孩子是责无旁贷的。

1.让孩子明白生命的意义

人们讨论与思考最多的人生话题之一就是“我们为什么活着，生命的意义是什么”。人们活着的意义真的太多了，有的人为了事业，有的人为了亲情，有的人为了爱情等，无论孩子是为了哪种活着，父母都应该予以理解，并告诉孩子：“我们一无所有地来到了这个世上，但我们不能一无所有地离开，总要留下些什么，追求爱情和对社会的贡献等，都可以成为我们活着的理由。”

曾经两次获得诺贝尔奖的居里夫人，在丈夫遭意外不幸逝世，并且自己的肺病也越加严重的同时，仍然坚持化学研究，最终又一次取得了成功，这种勇于战胜困难的精神本身也是非常珍惜生命的表现。由此可见，珍惜生命是每一个成功人士所必备的精神。

著名生物学家达尔文，在进行了几年的航海考察活动以后，身体变得十分虚弱，但他还是用他仅存的时间完成了生物学巨著《进化论》，给后人留下了宝贵的精神财富。

2.辩证地看待“生命”与“死亡”

社会上一些人有这样的观点：人的终极就是死亡，干吗还要珍惜注定要逝去的生命呢？这样的观点对孩子是一种误导。父母需要灌输孩子的是乐观之道——“既然终有一死，就应让生命更有意义。生命重在于过程，

而不是终点。”要让孩子知道，死亡是很容易的事情，生存就需要奋斗和努力，尽管这是不容易的，但天生我才必有用。所以，要珍惜我们的生命，让我们的生命放出光彩。

3.对生命要理智

人生一世遇见的风风雨雨有很多，特别是孩子，正在成长的过程中，会遇到各种各样的失败和挫折，但是无论怎么样的困难都远远比不上生命的可贵。有句话说：“你连死都不怕了，你还有什么好怕的？”所以，遇见挫折，男孩一定要冷静地理智对待，珍爱生命，不要站在悬崖边锻炼自己的胆量。

霍金在大学学习后期，开始患“肌肉萎缩性脊髓侧索硬化症”，半身不遂，丧失了说话能力，坐上了轮椅，只有两根手指能够活动。但是霍金并没有向困难低头，他以惊人的毅力和顽强的精神，勇敢地向命运发出了挑战。最终他获得了成功，成为英国著名的物理学家、皇家学会会员；其著作《时间简史——从大爆炸到黑洞》震撼世界，发行量高达一千万册。

在某种意义上，其他各种责任是可以分担或转让的，唯有对自己人生的责任，每个人都只能完全由自己来承担，丝毫依靠不了别人。唯有对自己的人生负责，珍惜自己的生命、珍惜自己的生活信念，他才可能自觉地选择和承担起对他人和社会的责任。

我们无法控制生命的长度，但是我们完全可以通过努力增加它的宽度。让我们珍惜时间，丰富生命的内涵，对自己的人生负责，让我们的生命更有价值，更有意义。

第三章

男孩变得自信而聪慧，才能成大器

细节18　自信是男孩成功的起点

《墨子·亲士》：“君子进不败其志，内究其情；虽杂庸民，终无怨心，彼有自信者也。”拥有自信的男孩，无论是否已经取得成功，立下的志向不会改变；即使因为某些原因而使自己处于劣势，也不会让自己终日抱怨、愤恨，因为他们坚信自己终会成功。

自信，是一个人在做事情时表现出的一种精神状态，是一个人一生发展的基石，它无论是在智力、情感培养或是处世能力上，都会对一个人起到巨大的支持作用。孩子也一样，一旦孩子建立了自信心，就会发挥无限的潜力，产生无限的动力和毅力，并能够以顽强的精神克服一切困难，最终赢得更好的发展机会。

自信是成功的第一秘诀。成功是谁都想拥有的，但又不是谁都可以成功。因为要取得成功，它需要人们付出辛苦和努力，而这种努力需要有自信的支持。

1872年，12岁的詹天佑告别了父母，怀着学习西方“技艺”的理想，去美国学习。在美国期间，他对西方的机器、火车、轮船及电信制造业的迅猛发展惊叹不已。一同前去的同学看到西方是如此发达，中国是如此的落后，不禁产生了悲观情绪，詹天佑却坚定地对大家说:“只要我们努力学习，靠我们的智慧，我们中国也一定会有自己的火车、轮船。”詹天佑怀着为祖国富强而发奋学习的信念，珍惜每一分钟的时间，终于考入耶鲁大学土木工程系，经过刻苦学习，大学毕业时，他取得了第一名的好成绩。回国后，詹天佑努力钻研，他主持建设了包括京张铁路在内的许多著名工

程，成为中国近代工程学的创始人之一。詹天佑用自己的自信，为后人做出了榜样。

在学习、生活与工作中，有人在取得一点成绩以后，会因为不再拥有自信而失去更好的机会；也有些人因为失败而没有自信，最后落魄潦倒；最多的是还没有努力拼搏就已经信心全无，甚至不给自己机会，最后碌碌无为的人。那么，怎样才能让男孩建立并拥有自信呢？

1.从小就让男孩学会独立

男孩两岁以后，就需要一个独立的空间了。这个空间不仅仅是指物理空间，也包括精神空间，这样才能逐渐让孩子拥有独立思考、做事情的能力。很多父母在孩子的生活、人际交往上都大包大揽，不让孩子走向独立，其实是不对的。因为独立的孩子相信自己有能力，相信自己有能力的男孩，做起事情来往往更有自信。拿破仑·希尔说过：“有很多思路敏锐、天资高的人，却无法发挥他们的长处参与讨论，并不是他们不想参与，而只是因为他们缺少信心。”

2.父母要学会发现男孩的长处并多加表扬

以前中国的父母们，大多数不会对孩子说：“你真棒！”“你做得真好！”很多情况是找孩子的不足，“你是怎么做的，你看看人家……”“你什么也做不好，我看你是没出息了”……这样的两种做法对孩子的自信心建立的影响是截然不同的。举个简单的例子，美国胖男孩非常多，但是他们通常都会身体灵活地跳舞、运动，充满自信和活力；我们中国的胖男孩们则大多数较笨拙，因为他们小时候想要参加某项活动时，父母会说“你太胖，不适合这项运动”，不同的心理暗示带来截然不同的结果，尤其是青春期的少年们，心理变化很大，这种心理暗示会对孩子产生不良的影响。所以，父母恰当的表扬和鼓励对孩子自信心的树立有很大帮助。

当今社会竞争激烈，但是成功的机会更多，父母要知道所有的成功都要靠孩子自己去争取。当然，自信是要建立在渊博的知识和脚踏实地的努力上的。父母们没法帮助男孩充满自信，但至少要做到不打击男孩的积极性和自信心。

细节19　男孩，赶走你的自卑

“谦虚”和“自卑”往往只有一步之遥，如果一个人过度谦虚，总是习惯认为自己确实不如别人，就会形成“自卑”。在我们的传统教育里，自古就讲究“谦、卑”，做父母的都会教育孩子不要“张扬”，要“谨慎”，总会说“枪打出头鸟”，所以孩子自小就知道“深藏不露”，可这种情况成了习惯，孩子就不会去竞争、不会去努力，甚至孩子会认为“自己确实不如很多人”。现代社会是竞争的社会，这种“过度谦虚”逐渐被社会淘汰，所以，父母们对孩子的养成教育也要随着时代的变化而变化。

许多人都愿意同别人比较，孩子也不例外。比家庭、比吃穿、比父母、比成绩、比自身条件……在比较的过程中，一些孩子觉得自己不如别人，而产生自卑心理。还有的孩子觉得别人做得好，自己做得不好，害怕失败，不会去实践、遇事退缩，也会产生自卑心理。

一些父母也经常拿自己孩子的短处和别人孩子的长处进行比较。“你看看你，这次数学考试才得85分，看看邻居的小康，人家得99分，就是比你强！”类似这样的话，在父母的口中经常出现，这样的比较也是一种对孩子心理的刺激。

年过不惑的刘先生早已过了童心盎然的年华，但他至今仍然牢记着童年时的最大愿望，那就是妈妈的夸奖。在他的记忆里，妈妈从未夸奖过他。他是家中的老大，什么事只要做得稍有欠缺，便会被妈妈指责。即便

他考试得了98分，妈妈也会说，人家能考100分，你怎么考不了呢？刘先生现在从事中医工作，医术很好，却不善表达，让他作学术报告，他屡屡推辞；在大庭广众之下发言，他做不到，他觉得自己没这个能力。也因此，他的事业发展受到影响。为什么会对自己缺乏信心？刘先生说，从小，妈妈的指责就让他感觉自己有欠缺，很多事情不可能做好，也就不敢去尝试，很自卑。尽管几十年过去了，他却仍然难以打开这个心结。

自卑是一种不健康的心理，是一种不同程度上的人格缺陷。它让人过多地否定和贬低自己，抬高别人，影响对自己正确、客观的判断，不能客观地、正确地看待自己和周围的人和事。自卑会影响到人格的健康形成。过分自卑的孩子往往敏感多疑、胆怯懦弱、孤僻内向等。其实，父母要帮助孩子摆脱自卑的心理，并不是“难于上青天”。

1.多用正面语言肯定男孩

自卑多是在青少年时期产生的，父母是孩子的第一任老师，父母对孩子的评价对孩子的影响往往很大，特别是贬抑性的评价：如“真笨”“脑子不转弯”等，都可能严重挫伤男孩的自尊心，使他产生自卑感。

其实，父母对孩子说话时可以多用肯定性的语言，如“很好”“做得不错”等，不要轻率地贬低他们的能力或品质。

2.帮助孩子逐步实现目标

帮助孩子树立起“我能行”的信念，使孩子在遇到问题时能恰到好处地自我暗示“我能行”。为孩子确定的目标不可太高，可将大目标分解为一个个小目标，每次的成功都对孩子是一种激励，让孩子有成就感。父母要教会孩子以宽容、豁达的心态对待挫折，找到失败的原因，并想办法去克服困难。

3.放手让孩子去做

生活中，过度地保护孩子、替代孩子做所有的事情，会导致孩子产生

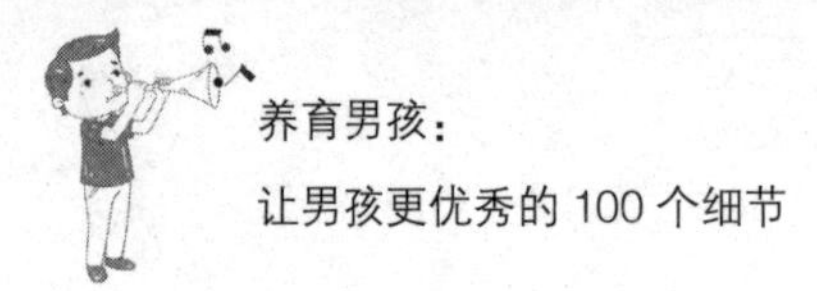

自卑和懒惰心理。父母应该明确照料孩子的目的，不仅是为了使孩子生活得舒适幸福，更重要的是在照料的过程中，教孩子逐步学会生活自理的能力。这样，孩子才能有勇气去做一些事情，培养起自信心。

要让孩子坚信，这个世界上没有所谓的失败，只有走向成功的曲折，没有最好，只有更好。正视自卑的存在，不退缩，不蛮干，尽力克服，努力超越，这才是一条健康的拼搏之路。

细节20 别太把自己当回事，“自信”不等于“自负”

鲁迅说：“‘自卑’固然不好，‘自负’也不好。”自卑使自己不能勇于面对问题，容易导致做事失败。同样，自负的人容易陷入误区，结局往往也是失败。独生子女家庭长大的男孩更容易产生自负心理，父母应及时纠正孩子自负的不良心理。

自负的表现方面很多，有的孩子因自负而不能和同伴友好地相处，常常高高在上、盛气凌人；有的孩子对大人傲慢无礼，不尊敬长辈，瞧不起成年人在某些知识方面的缺陷；也有的孩子因自负而不爱与人说话，甚至变得爱挖苦人、讽刺人等。自负可以说是一种比较普遍存在的亚健康心理。

1.父母不适当的“表扬”

有些父母在帮助孩子建立“自信”时，从方方面面为孩子营造环境，如夸奖、表扬孩子而没有度，孩子总觉得自己是最好的，自己的不好也是好的。正如巴甫洛夫在《给青年们的一封信》中所说：“无论在什么时候，永远不要以为自己已经知道了一切……切勿让骄傲支配了你们。由于骄傲，你们会在应该同意的场合固执起来；由于骄傲，你们会拒绝有益的劝告和友好的帮助；而且由于骄傲，你们会失掉客观的标准。”

2.一种自我保护的方式

某些孩子的自尊心很强，为了保护自尊心，常常会产生自我保护心理：自卑或自负，通过自我放大，获得自卑不足的补偿。例如，一些家庭经济条件不是很好的学生，生怕被经济条件优越的同学看不起，就爱装“清高”，把自己打扮成家里很富有的样子，并摆出看不起这些家庭条件一般的同学的样子，这种内心的自卑极可能导致外在的自负。

生活中遭受过许多挫折和打击的人，很少有自负的心理，而生活中的一帆风顺，则很容易让孩子养成自负的性格。

自负往往会使孩子丧失进取心，增加虚荣心，还容易使孩子意志脆弱，经不住挫折和打击。为了纠正孩子的自负心理，父母可以从以下几个方面去努力：

1.教会孩子接受别人的批评

自负的人一般很难接受别人的批评，甚至不接受别人的观点。父母可以提醒自负的孩子学会倾听，如倾听他人的忠告、认可别人的批评，然后再细细品味别人对他的忠告和批评是否中肯，对他是否有用，孩子一旦发现这些忠告对自己是有益的，自然会慢慢去改变自己的态度。徐特立说过：“只有接受批评，才能排泄精神的一切渣滓。只有吸收他人的意见，才能添加精神上新的滋养品。”

2.父母对孩子的表扬要适度

逐渐改变对孩子的评价方式，对孩子的评价应客观些、实际些。孩子总会有不足的地方，父母不要因为溺爱孩子，就不切实际地吹捧孩子，尤其不要在客人面前没完没了地表扬孩子。

3.教会孩子正确地看待物质条件

现在很多家庭里，父母宁可多吃点苦，受点累，也不会让孩子遭罪，更有些父母经常满足孩子的各种虚荣心。其实，父母应明确一点：即使家

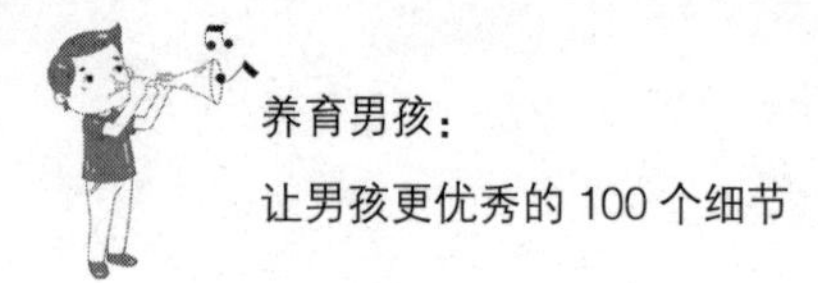

境优越，也要让孩子养成不骄奢的习惯，让孩子用平等的眼光去看待他人。告诉孩子，现在家里的条件是父母努力的结果；在外不要盲目地攀比，人的进步是和自己来比较的，更不要因为家里的环境去排斥外界的一切。

对于孩子来说，要全面地认识自我，既要看到自己的优点和长处，又要看到自己的缺点和不足。要知道，每个人生活在世上都有自己的独到之处，都有他人所不及的地方，同时又有不如人的地方，与人比较不能总拿自己的长处去比别人的不足，把别人看得一无是处。所以，父母要告诉男孩，无论是学习还是工作，都应该充满自信地去迎接挑战，但同时也别太把自己当回事，你只是个和别人一样的普通人。

细节21　引导男孩多问几个“为什么”

孩子从出生开始就对这个世界充满了好奇，当他们开始去向父母问“为什么”的时候，说明孩子已经在用自己的眼睛观察这个世界、在用自己的大脑思考这个世界了，这时父母千万不要打击孩子的积极性，应该耐心地去回答孩子的问题，并且去引导孩子多问“为什么”，因为父母对待这个问题的不同态度，会导致以后孩子的学习能力的差别。

1.孩子心理的必然需求

蒙台梭利认为：0～9岁的孩子会出现如语言敏感期、书写敏感期、秩序敏感期、感官敏感期、动作敏感期等时期，在此时期孩子会对认识事物、熟悉环境有很浓的兴趣，孩子同时也会问父母很多“为什么”，尤其孩子在2岁以后，语言表达能力有了基础，更会如此。敏感期不仅是幼儿学习的关键期，也是孩子心灵、人格、智能发展的重要时期。因此，父母应尊重孩子的生理、心理发展的需求，并为孩子提供必要的帮助。

2.“为什么”让孩子日后更会思考

有关调查表明，儿童时期多问“为什么”并获得解答的孩子，在青春期时通常都会有很好的思考习惯，而相反的儿童，在青春期会出现受挫的情况，这些孩子在学习上表现为被动地接受知识。遗憾的是，我们的一些父母们把孩子总是不停地提问看成是一件烦人的事情，有时甚至不耐烦地反问孩子“你怎么这么多为什么”。其实，儿童时期孩子的“为什么”是在为日后的真正“思考”奠定基础，先有问题才会去考虑解决问题的办法，从而学会“思考”。正如亚里士多德所说：“凡善于考虑的人，一定是能根据其思考而追求可以通过行动取得最有益于人类东西的人。”

在学校，爱问问题的爱迪生经常让老师很恼火，以至于老师训他，说他智力有问题。爱迪生的妈妈却很理解他，觉得问题多是因为孩子爱思考，好奇心强，求知欲旺盛。她相信儿子的智力没有问题，并且从来都认真对待爱迪生的“为什么”。爱迪生的文化程度不高，但对人类的贡献却很大，因为他有一颗好奇的心，有一种弄清楚“为什么”而打破沙锅问到底的精神。

儿童时期的好奇心和求知欲，是奠定孩子未来事业成功的重要基础。拥有好奇心的孩子，脑中往往会产生一连串“为什么”，然后向父母问个究竟。对待这种情况，父母应该给予男孩耐心的配合和指导。以下几点可供参考：

1.认真对待男孩的提问，切忌敷衍了事

作为父母，孩子问“为什么”时千万不能敷衍了事，对孩子的问题轻描淡写或随意回答，而应尊重孩子的求知欲望，给予正确的引导和积极的鼓励，耐心解释，认真回答孩子的提问。一时解决不了的，也应该真诚地告诉孩子，并和孩子一起求助专业书籍，共同寻找答案，这样不仅可以保护孩子的好奇心，也能培养孩子求知的习惯。

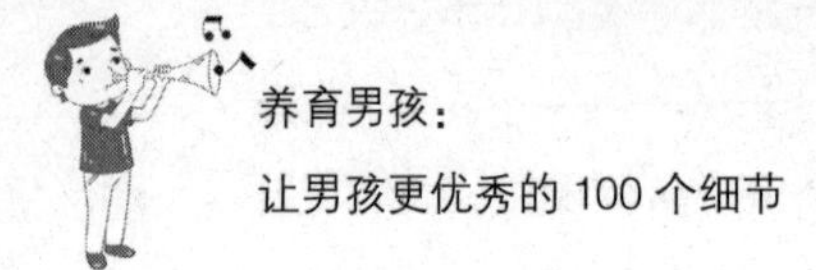

2.启发男孩自己思考问题的答案

孩子在向父母问“为什么”时，父母若总是有问必答，会让孩子变得很依赖父母，什么事情他都不想自己思考，只知道去问。所以，父母要注意培养孩子自己思考问题答案的能力。

一个妈妈正在厨房做包子，5岁的男孩坐在旁边看着。男孩忽然提了一个问题：“妈妈，星星是从哪儿来的？”妈妈是个善于引导的人，她没有急于回答，而是对男孩说：“你想想看。”男孩就坐在那里出神地想，他注视着妈妈的动作：揉面，揪面团，擀面饼，包包子……看了好一阵子，男孩突然说：“我知道星星是怎么做出来的了，是用做月亮剩下的东西做的。”妈妈听了，激动地亲吻了自己的儿子：“宝贝，你的想象真奇特，你想得真好。”

调动孩子思考的积极性，很多时候比父母直接给出答案效果更好。

3.别对男孩说“不准调皮”

很多男孩大脑中有“为什么”的时候，会伴有很多行为，如男孩明白门铃发出声音的原理，就会不停地按动门铃，可在父母眼中这是很调皮的举动，父母应该弄清楚男孩的调皮是出于什么原因，如果只是好奇的举动，就不要对孩子说“不准调皮”，因为这样也会影响孩子的好奇心；而孩子只是因为淘气，父母就需要耐心地管教了。有的妈妈会抱怨青春期的男孩：“我家孩子可没有活力了，像个老头似的，也不爱思考！”那么，妈妈回忆一下，是否在孩子小时候，自己也不分原因地要求孩子“不准调皮”。

4.告诉孩子注意安全

孩子的好奇与脑中的“为什么”，可能会为孩子带来危险，如孩子好奇为什么电视会出声音和图像，也许就会去碰触电视、电源，这是很危险的举动。父母在回答孩子“为什么”时，千万别忘记对孩子的安全教育。

在人生的道路上，每个人都会按照自己的方式去思考。思考是一个人

前进的动力，思考可以帮助我们找到克服困难的办法。不会思考的人，他的人生很难一帆风顺。父母们从孩子小时候开始，就应鼓励孩子多问几个“为什么”，让孩子多思考“为什么”，培养孩子的思考能力。

细节22 男孩从小就要树立自己的理想

古人云：“立志以定其本，居正以持其志。”理想是一个人努力进取的目标。理想，就像灯塔对于行船、北斗星对于夜行者。树立正确的理想是男孩健康成长必不可少的。然而，有时候由于一些因素的影响，男孩会因为所树立理想的偏差而陷入迷茫，甚至走向歧途。

父母在引导孩子树立理想时，要引导孩子对自己有正确的认识。每个人都有不同于别人的客观条件，如果不顾客观条件而一味地强求孩子树立不对应的理想，结果往往会适得其反。

史蒂芬·霍金从小就对模型特别着迷，十几岁时不但喜欢做模型飞机和轮船，还和同学制作了很多不同种类的战争游戏；十三四岁时已下定决心，要从事物理学和天文学的研究。这种渴望驱使他最终攻读博士学位，并在黑洞和宇宙论的研究上获得重大成就。不久，他发现自己患上了会导致肌肉萎缩的卢伽雷氏症。起初他打算放弃理想，但后来病情恶化的速度减慢了，他重拾心情，排除万难，从挫折中站起来，最后写出了著名的《时间简史》。

可以说，支持霍金前半生的是他的理想，支持他后半生最后战胜病魔的也是他的理想，因为有了理想，即使在困难面前，他也变得异常的坚忍。苏格拉底说过：“世界上最快乐的事，莫过于为理想而奋斗。”那么，当面对孩子的理想时，父母该持有怎样的态度呢？

1.尊重孩子最初的理想

每个人心中都有梦想，特别是在自己的童年时期，对自己的未来充满着美好的憧憬和向往。也许随着年龄的增长，这个理想会被冲淡甚至会改变，但也有的随着孩子年龄的成长，理想也在不断充实、调整、完善。所以，无论是怎样的情况，父母都应该认真对待孩子最初的理想。因为对孩子理想的对待是对他的肯定，会让他更加有信心去做，去努力。如果孩子的理想树立有了偏差，也要帮他纠正过来，但切勿把父母的理想强加给孩子。如父亲的理想是当一名足球运动员，就天天训练孩子去踢足球，可孩子的理想是科学家，面对这之间的冲突，父母应该毫不犹豫地支持孩子自己的理想。

2.帮助孩子把远大的理想分成近期目标

理想的特点是遥远而朦胧，目标却是真实与可行的。孩子在树立理想后，父母要为孩子把关，看看可行性，如果可行，帮孩子把理想划分为一个个小目标去完成，只要完成一个，孩子就离理想更近一步。理想需要目标来充实、支撑，目标是通往理想的阶梯。只有高远的理想，而没有具体的目标，这种理想就变成了空想。

3.让孩子知道“坐着谈”与“起来行”的关系

我们树立了自己的理想，要想实现这个伟大的理想，关键是要去实践。“坐着谈”不如“起来行”，没有行动，再大的理想也只是空想。

宋代名臣范仲淹从小就立下了“先天下之忧而忧，后天下之乐而乐”的远大理想。由于家境贫寒，为了读书，他省吃俭用。不久，他的勤奋好学感动了寺院长老，长老便送他到南都学舍学习。范仲淹依然坚持简朴的生活作风，不接受富家子弟的馈赠，以磨砺自己的意志。经过刻苦攻读，他终于成为一代名臣、伟大的文学家。

古往今来，很多名人对人类社会作出了贡献，而这些杰出的人物都有

着自己的理想与激励世人的故事。父母可以多挑选这方面的故事，让孩子树立自己的榜样，以此来激励自己。用事实教会孩子理想的实现过程是克服困难、不断学习的过程，这样孩子在遇到困难时，才会用理想的信念支撑自己，不会轻易退缩了。

“理想是石，敲出星星之火；理想是火，点燃熄灭的灯；理想是灯，照亮夜行的路；理想是路，引你走到黎明。”男孩需要理想，因为理想他可以勇敢地面对一切挑战，因为理想他们会变得更有责任心，因为理想他们可以最大限度地实现自身的价值。

细节23　拥有小聪明不代表男孩很聪慧

人与人之间的差异主要表现在思维方式、处世原则、品质道德等方方面面，在智慧方面的差异则表现在：有的人聪明，有的人笨拙，有的人是自以为是的小聪明，有的人则是大智若愚的大智慧。小聪明的人时刻要表现出自己的智慧，而大智慧的人通常会隐藏自己的智慧。拥有小聪明的人往往容易沾沾自喜、自以为是，因小失大，从而丢了西瓜捡芝麻。

如果说大智慧是理性的、深层次的，小聪明就是感性的、表面的。男孩需要的是大智慧，而不是小聪明。

1.父母不加分辨的表扬

很多孩子小时候不会分辨自己智慧的表现形式，很大程度是受父母的影响。有时孩子为了争取父母的表扬，而做出一些小聪明的举动，父母不加以分辨就对孩子过分表扬，鼓励孩子的这种行为，从而让孩子以耍小聪明为荣。如孩子挑食，把不喜欢的菜偷偷倒掉，父母发现后不批评，反倒说：“这孩子真会想办法。”这就很容易使孩子认为自己的做法是可行

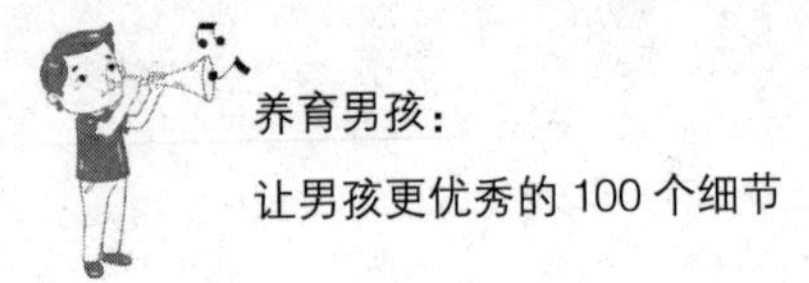

的，从而导致那种投机取巧的小聪明的养成。

2.“掩耳盗铃”式的自欺欺人

掩耳盗铃的人在偷东西时怕把铃铛弄响，就把自己的耳朵堵上，免得自己听到铃声。小聪明的人也有类似的想法，通常只能欺骗自己，却欺瞒不了别人。有的孩子因为自信不足，就会做些举动来掩饰自己的心虚。如有的孩子学习不专心，还要小聪明应付或糊弄大人。如果孩子出现这种情况，父母需教育孩子的是坦诚自己的弱点与无知，不懂可以学习，而不懂装懂却是很傻的行为。

到了该睡觉的时候，孩子为了多看一会儿电视，不断地制造出各种不睡的理由，比如，要上厕所，要整理玩具，要讲个故事……面对儿子的“小聪明”，妈妈不知如何是好。她既担心“揭穿阴谋”会让孩子难堪，又怕听之任之会让孩子变得狡诈不诚实。

很多父母都遇到过上述故事中的问题，男孩明知道不能做又偏偏想做的时候，总想要小聪明混过去。如果遇到这样的情况，父母一定不能纵容，更不能因为面子问题也觉得自己的孩子很聪明。那么，平时怎样帮助孩子避免要小聪明呢?

1.让孩子明白真正的智慧是什么

父母应该让孩子明白真正的智慧是什么。智慧是通过客观事物的表面现象去深入了解其内涵，再去除虚伪杂质。通常我们说“大智若愚”，也从侧面反映真正的智慧不会表现得那样张扬，是含蓄内敛的。做到真正大智慧的人一定是一个真诚正直、豁达宽容和虚怀若谷的人；而小聪明只是生活中一些表层的总结，凭借对某些现象的片面的感悟，而采取的一些行动。所以，针对这方面的区别，父母要明确告诉孩子，真正智慧的拥有是要通过深层探究的，小聪明并不能为你带来好人缘和真正的胜利。

2.小聪明可以成为大智慧

古语说，小聪明，大智慧。意思就是小聪明里包含着大智慧，所以，父母们对孩子的小聪明不能完全否定。因为人性都有弱点，都会因为些许的虚荣而耍小聪明，如果好好引导，就可以变小聪明为大智慧。父母可以充分利用孩子耍小聪明的心理，正确地去引导孩子，变小聪明为大智慧。这里关键的一点是，不要聪明反被聪明误。

我们在电视中看到的和珅是个坏透顶的家伙，实际上和珅是个绝顶聪明的人物，然而他的一生都是在耍小聪明中度过的。他曾经任《四库全书》的总编，纪晓岚只是他手下的一个编委而已；是他用重金聘请高鹗续写了《红楼梦》，才使后世人读到了《红楼梦》的全本；他曾劝说乾隆皇帝终止文字狱，才使后来的读书人少了一些惶恐。但他的整个一生都在贪婪敛财，从而成为超级贪官，害国害民，不得善终。这就是典型的聪明反被聪明误。

小聪明不等于大智慧，显然孩子还不明白这个道理。小聪明要用在正地方，这样才能变小聪明为大智慧。

不是所有的男孩都爱耍小聪明，有的男孩也很诚恳、老实。然而，一旦男孩以耍小聪明为荣，他可能损失的不仅是已有的好人缘，还有自己终生的信誉。因为小聪明能换来一时的痛快，一时的满足，却不能带来长远的效益。

细节24 不要自己吓唬自己，超越“不可能”

“狭路相逢勇者胜”，在同样的条件下，有勇气超越、不放弃希望的男孩获得成功的可能性更大。男孩日后会面临日益激烈的社会竞争，如果孩子在成长过程中遇到一些困难，遇到一些“不可能”就轻易放弃，不仅发挥不出自己的水平，可能失去很多难得的机遇。如果有的孩子达到了一定的水平，没有勇气去超越自己或是别人的话，进步也会停止。尤其男孩更需要有勇气、不放弃的精神，敢于超越，敢于创新。

1.勇气是能力发挥的平台

一个人有能力但要发挥出来才会被认可，而勇气是能力发挥的平台。有些孩子心理素质不好，考试时总是临阵怯场，平时成绩很不错，可是到考试时，总是发挥失常。这些孩子在考试之前，显得比平时要紧张，无法缓解紧张的情绪，从而加重了自己的压力。总是“自己吓唬自己”，把自己的勇气吓唬没了，自己的能力当然无法发挥出来。

2.“不放弃”是战胜自我的“良药”

面对挑战，应该怎么办？是选择胆怯退缩，还是迎难而上？有位成功人士说过：“对困境的到来，即使是跪着，我们也要最后一个倒下！”面对困难，切忌没有前进就自己被自己吓倒，止步于当下。生活如果被形容为一座宝藏，那么“不放弃”就是打开宝藏大门的一把钥匙。如果“战胜自我”是急需诊治的病症，那么“不放弃”就是“良药”。

加拿大有一个小男孩瑞恩·希里杰克，有一天他在电视上看到非洲有成千上万的儿童没有水喝，他们渴急了就去喝残留在水凹里的脏水，甚至牲畜的尿。他难过极了。当电视里说“70元钱可以建造一口井”时，瑞恩激动不已。他想：“我一定要为他们挖一口井，让那些孩子有水喝。”

此后，为挣这70元钱，瑞恩经常利用业余时间做家务，为别人做一些自己力所能及的事情。渐渐地，家族里的亲戚朋友、附近居住的人都知道了瑞恩的梦想，都被瑞恩的执着感动了，他们纷纷加入“为非洲孩子挖一口水井”的活动中。5年过去了，瑞恩的这个梦想竟成为上万人参加进来的一项事业。

如今，瑞恩的梦想已基本实现，在他的努力下，缺水最严重的非洲乌干达地区，有56%的人能够喝上纯净的井水了。瑞恩接受采访时说：“我相信世上的事情都会成功，没有什么不可能！”

梦想和现实是存在差异和距离的，有时因为我们不敢也不愿意相信“虚幻”的梦想，或是在没有做之前就放弃了。但是瑞恩的经历告诉我们，在这个世界上，只要不放弃梦想，就没有什么不可能实现的愿望。

1.不要让孩子找“借口”

很多孩子做事情或“中途放弃了”，或觉得自己不能做、做不好，就会为自己找理由去推脱、搪塞，这样的做法非常不可取。结果已经造成，理由真的很多余。如果遇到孩子找理由的情况，父母应该告诉孩子：“借口”是软弱男孩的表现，我们不需要借口；没有做的结果已经造成了，下次我们需要做的是尽量改正，尽量坚持，绝对不是各种各样的借口。

2.让孩子知道“只有想不到的，没有做不到的”

俗话说得好：“只有想不到的，没有做不到的。”孩子成长过程中的诸多“不可能”，正是由于我们自己的自满、安于现状、害怕挑战和创新、自己觉得不行等原因造成的。要知道一个人的成长进步，不可能是一帆风顺的。

古人云：“不经一番寒彻骨，哪得梅花扑鼻香。”如果想进步，想发展，就要“变不可能为可能”。被击倒并非最糟糕的失败，放弃尝试才是真正的失败。这是一种决心、一种态度，更是一种精神。

细节25　自信而聪慧的男孩能成大器

现实中，一些看似很自信的男孩，做事情却屡不成功；也有一些聪慧的男孩，总实现不了自己的理想。男孩要想取得成功，自信和聪慧必须很好地结合起来。聪明而有智慧，再有勇气去做，才有可能成功。非常聪慧的男孩，但没有自信去做任何事，是不可能取得成功的；而很自信却并不聪慧的男孩，不能够做到脚踏实地，只能慢慢在走进自负和盲目的陷阱，也是很难取得成功的。自信与聪慧结合得是否融洽，在很大程度上影响着男孩今后的成败。

商业精英李亦非曾说："作为父母最重要的就是培养孩子的'四颗心'，好奇心、同情心、自信心和上进心。"其中，自信心就是从内心里感到自信。有了这样的自信，做事情时再辅佐与本身的"智慧"，就会让困难在孩子面前低头。同样，拥有"聪慧"的男孩在做事情时，要先为自己树立"自信"，让"自信"和"聪慧"始终"结伴而行"，才会使男孩取得成功。

小泽征尔是世界著名的交响乐指挥家。在一次世界优秀指挥家大赛的决赛中，他按照评委会给的乐谱指挥演奏，演奏时，敏锐的他发现了不和谐的声音。起初，他以为是乐队演奏出了错误，就停下来重新演奏，但还是不对。他觉得是乐谱有问题。这时，在场的作曲家和评委会的权威人士坚持说乐谱绝对没有问题。面对一大批音乐大师和权威人士，他思考再三，最后斩钉截铁地大声说："不！一定是乐谱错了！"话音刚落，评委席上的评委们立即站起来，给以热烈的掌声，祝贺他大赛夺魁。原来，这是评委们精心设计的"圈套"……

故事中的小泽征尔如果没有敏锐的职业敏感性和自信，他就不敢在众多顶级专家面前说出"不"，更谈不上在质疑面前充满自信。孩子面对未来，需要的就是这种"自信"与"聪慧"的结合。

1.鼓励孩子要自信

没有自信的孩子会很轻易地放弃任何努力，表现出自己是无用的，而

且有时还故意做出“反其道而行之”的事情，这样做的原因是他认为自己是无能的，不能做出任何有意义的贡献，是没有价值的。父母要多鼓励孩子，给孩子信心，不可不问青红皂白地随意训斥或打骂孩子，挫伤孩子的自信心。鼓励是一个不断进行的过程，这一过程的主要目的就是让孩子得到一种自我满足，拥有自尊感和成功感。

很多思路敏锐、天资高的人，在参与讨论时无法发挥他们的长处，这并非他们不想，而是因为他们缺少信心。他们心里总是说：“下一个就是我，我要发言。”可是，当前者发言完毕时，他又不敢马上站出来，于是告诉自己“下一次吧”，白白地将机会让给别人。积极发言需要自信，更需要敏捷的思维。所以，让孩子习惯于当众发言，不仅考验孩子的智慧，还可以锻炼孩子的自信。

2.让孩子把“自信”和“聪慧”相合起来

很多父母习惯用其他孩子的成绩来刺激自己孩子的进步，这种做法是不可取的。这种比较，往往会把孩子的自信给比没了。很多孩子不喜欢被比较，他们的自信不是源于同他人的比较得来，而是通过对自己真正地相信与认可而得来。

生活本身并不完美，人的素质、能力和机遇也各不相同，谁都会遇到成功的喜悦和失败的沮丧。那么，教会孩子“自信”和“智慧”的合理运用与互补就显得尤为重要了。

第四章

男孩可以“玩得好，学得好”

细节26　培养男孩敏捷的思维能力

思维能力听起来是很抽象的概念，但它并没有我们想象的那么复杂难懂，如我们平时做的脑筋急转弯就是磨炼思维能力的一种方式。一个人智力水平的高低，主要通过思维能力反映出来。后天的教育与训练对思维能力的影响很大，因此，能否有效地提高孩子的思维能力，是影响孩子成才非常重要的因素。丰富敏捷的思维能力对开拓孩子的智慧、提高孩子分析问题和解决问题的能力有着重要的意义。

有两个小男孩，长得一模一样，出生年月日、家庭电话、父母姓名完全一样，第一次见到他们的人都认为他们是双胞胎，但两个孩子却说不是，众人颇感疑惑。事实上，他们不是双胞胎，而是三胞胎中的两个。大多数人就是犯了思维定式的错误。在许多人心目中，“梯形”的概念就是上短下长的那一种图形，而很少想到上长下短的也是梯形。我们在思考问题时，如果能换一个方向，多想几种可能，打开思路，发挥联想和想象，也许就会有不一样的答案。

思维能力的训练是一种有计划、系统性的教育活动。虽然人的先天遗传对思维能力有影响，但是后天的教育对思维能力的训练与培养更加重要。

妈妈给两岁半的儿子讲《追饼》的故事：一只狼到处找东西吃，突然它发现树梢上挂着一个饼。狼跑到那棵树下，可饼却不见了，饼又跑到一块大石头上去了。于是，狼又追到了那块大石头旁，可是饼又不见了。狼跑啊跑啊，一抬头，发现饼挂在了天上，而且越来越小了。故事讲完后，

妈妈问儿子："这是怎么回事呀？"儿子说："那不是饼，是月亮。"妈妈很欣慰，因为孩子这么小就会推理判断了。

其实，一般的孩子都具有思维能力，只是较成人来讲比较低，这就需要父母在日常生活中引导孩子学会思考，从而达到提高孩子思维能力的目的。

1.思维训练需要从小培养

《论语·述而》中有这样一句："不愤不启，不悱不发。举一隅不以三隅反，则不复也。"指的是人需要有"举一反三"的思维能力。思维能力的培养是一个漫长的过程，孩子幼儿时期，父母就应该锻炼男孩的推理、判断能力，为孩子积累必要的知识，为日后的创造性思维打好基础。年龄较小的男孩思维训练可通过游戏等方式进行，如为孩子准备一些分析型的小故事、猜谜语，然后父母帮助提问，"小鸡在水中游泳对不对？""如果电梯坏了，会有什么影响？"等。

2.多设疑问，激发孩子的思维动机

古人云："疑是思之始，学之端。"疑是学生学习过程中启动思维的起点。巧妙设疑，常常可以打开孩子思维的大门，收到"一石激起千层浪"的效果。苏霍姆林斯基曾说过："在人的心灵深处都有一种根深蒂固的需要，这就是希望自己是一个发现者、研究者、探索者。而在儿童的精神世界中这种需要特别强烈。"有疑问，孩子才想弄明白，要弄明白就要去思考。父母可以充分利用孩子的好奇心理，激发孩子的思维动机。

3.体育运动对思维能力的提高有益处

科学实践证明，2~5岁的儿童中，爱玩耍的孩子大脑比不玩耍儿童的大脑至少大30%。因为，在运动和玩耍的过程中，儿童要完成几十种与大脑和思维活动有关的动作，例如，掌握平衡、协调心理、处理问题等。通过玩耍和运动，孩子能提高识别物体的能力、语言表达的能力和思维想象创造力，还能消除心理压力和恐惧感等。因此，父母不应忽视对孩子运动、动

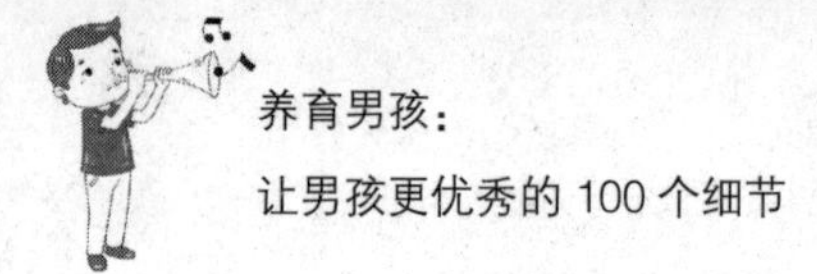

作能力的发展和训练，要尽量为孩子创造适宜的环境、条件，鼓励孩子去活动、运动，从而促进其智力和心理的发展。

儿童运动的方式多种多样，应以游戏为主，强调活动的趣味性。在游戏过程中，孩子可以掌握走、跑、跳、翻滚、抓握、投掷等基本技能。针对少年儿童身体发育的特点，父母可以让孩子参加跳绳、跳皮筋、拍小皮球、踢小足球、打小篮球、游泳等体育运动。

一个人只有具备了积极活跃的思维活动，才能为日后的学习打下坚实的基础。父母应最大限度地帮助孩子提高思维能力，创造良好的思维环境，鼓励孩子进行积极的思维活动。

细节27　面对文科，谁说"男子不如女"

由于男孩女孩大脑分工的不同，女孩开口说话一般情况下要比男孩早，而且词汇较丰富，很少出现语言能力上的缺陷，阅读、书写也比较早，因此，很多人认为女孩学文科比男孩更容易一些。但从学习实践的结果来看，男孩女孩学文科都是一样的。男孩不喜欢学文科更多的是受下面一些观念的影响：

1.男孩学文科不如女孩

很多父母认为，男孩的头脑本身就学习不了文科。其实，从男女的大脑区别看，虽然男孩开口说话要比女孩晚，词汇上不如女孩丰富，但是男孩并不是不具有这些功能，只是发育上比女孩略晚。在记忆力上，男性的理解记忆和抽象记忆就较强。

2.学文科的男孩没出息

很多男孩的父母在孩子高中分科的时候，总是毫不犹豫地让孩子选

择理科，即使男孩本身喜欢文科，父母也会以“男孩学文科没出息”来反对男孩学文科，这种不重视文科的态度，也间接地导致了男孩对文科的排斥。其实，只要做出成绩，无论文科理科都是一样的，关键应该看男孩感兴趣的是文是理，有了兴趣才会成为他学习的动力。牛顿说过：“人文与科学在山下分手，在山顶相遇。”所以，即使男孩未来要从事理科专业，也要学好文科知识。

3.男孩学文科没有用

文科给父母的概念就是“哭哭啼啼”“咬文嚼字”的酸秀才形象，其实，随着社会的变迁，文科的范围也远不受以前的局限了，变得更加广泛。文科专业不只是诗词赋，还包括外语、经济、国际关系等。从另一方面来看，人的发展是需要全方位的，文科对人知识的积累、思维方式等都有帮助，很多企业家的爱好都是通读史书、经典著作，因为这些文科知识会给他们带来很多反思，正所谓“读史明智”。

1981年获得诺贝尔医学奖的罗杰尔·思佩里博士，通过有关“裂脑人”的研究，以令人信服的科学事实证实了人类大脑的左半球与右半球，具有不同的功能。概括地说，左脑以抽象逻辑思维为主，右脑以形象直觉思维为主，各司其职，缺一不可。所以，文科与理科二者都不可偏废。男孩和女孩都可以学习并拥有很高的文科素养，不分谁优谁劣。

1.不要轻视男孩的文科学习

在对待文科知识学习的态度上，父母要引导孩子和理科一样公平对待，不要让孩子因为外界环境影响而歧视文科。同时，家里也要有人文的氛围，多为孩子准备一些适合各种年龄段的书籍，让孩子在学习之余阅读，在潜移默化中培养孩子的人文素养。

2.文科学习重在勤奋与积累

文科的学习是一个积累的过程，不能一蹴而就，所以从孩子小时候父

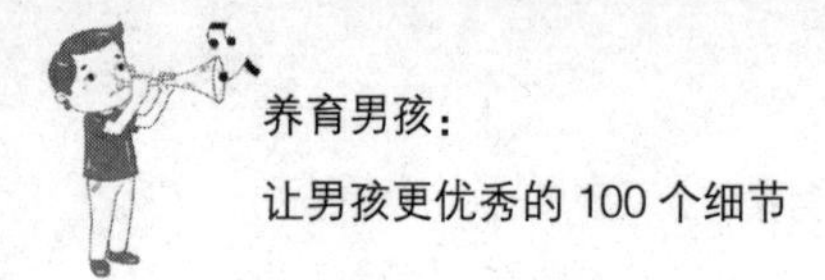

母就要培养他们读书的习惯，让孩子多读、多看，多记读书笔记，积累更多的文科方面的知识。

3. 文科学习促进理科学习

文科学得好，对理科的学习也有很大的帮助，文科成绩好的人，对理科学习内容的分析和理解能力就比较强。我国当代著名的科学家竺可桢、李四光、钱三强等，世界上著名的科学家高斯、爱因斯坦等，都是文理兼具的通才。事实证明：较强的文学修养，是科学巨匠成功的重要素质之一。

“人生得意须尽欢，莫使金樽空对月，天生我材必有用，千金散尽还复来。”这样大气豪迈的诗正是唐代诗人李白所作。李白其诗风豪放飘逸，语言流转自然，都很好地表现了男性的气质特点，历史上从古到今，优秀的男性文人学者比比皆是，可以说在艺术创造力上是不分男女的，面对文科，谁说“男子不如女”。

细节28　“棍棒下未必出才子”，男孩的优秀不是逼出来的

我国有句古话：“棍棒底下出孝子，不打不成才。”如今这种“棍棒式教育”虽然受到了一定的抑制，但还仍然存在，其实这样的做法未必会让孩子成才，有时反而会使孩子的心理健康受到影响，引起恶性循环，也很容易给孩子造成意外伤害。

很多父母回忆小时候，都会有挨打的经历，尤其是父亲们更是深有体会。其实，“在爱中长大的孩子，可以学会仁慈；在皮鞭下长大的孩子，只会产生仇恨。”棍棒下出来的优秀孩子毕竟是少数，并不是经常挨打的孩子才会成才。“棍棒底下出孝子，不打不成才”的教子态度已不太适合

今天的孩子。棍棒教子容易出现下面的一些问题：

1.失手造成意外将无法弥补

如果父母习惯于孩子不听话就打孩子，造成孩子意外伤害的概率就会增高。有的父母会说“我不会打重要部位”，然而我们要知道，之所以称为“意外伤害”，就是出乎意料的伤害，父母们当然都不愿意去伤害孩子，可是一旦伤害造成了，就是无法弥补的过错。有个母亲只是用扫帚打了两下不听话儿子的头部，儿子就因为脑出血死亡了。这位母亲追悔莫及，可又能挽回什么呢？所以，要想避免这种伤害，最好的办法就是不做。

2.经常挨打的孩子心理健康会受到影响

父母打孩子的初衷是对孩子进行管教，却没有想过打骂后并不都会有好结果，经常打骂会使孩子产生不良心态和心理偏差。如说谎、懦弱、固执、粗暴甚至怪癖的性格特点，从心里对父母产生恐惧和疏远，在这样环境下长大的孩子，往往会唯命是从，精神压抑，在学习上也会很被动。有的男孩模仿性较强，如果经常挨打，他也许在家里或在外面也打骂比他小的伙伴，这些不仅不会提高孩子的学习能力，相反更会阻碍孩子的成长和发展。

经常打架滋事的王涛被送进了“少管所”，在“少管所”心理医生的帮助下，王涛慢慢地解开了心结，并讲述了他的故事。王涛表示之所以这么爱打架，是因为他小时候爸爸经常打他，他觉得打人可以解决很多问题，所以他就习惯了遇到问题就动手打人。

3.影响父母与孩子间的亲子关系

经常挨打的孩子肯定会对父母的感情很淡，即使他知道父母的打骂，是出于对他好的目的，但在心底孩子还是会问一句：“为什么要打我骂我才是管教？”这种情况下的亲子关系必然受到影响。我们经常可以看到父子关系非常冷淡的情况，无话可说、无心可谈，究其原因，不得而知。

相信每个父母都是爱孩子的，只是爱的方式、管教的方式不同而已。那么，如何更好地管教好调皮、惹事、不听话的男孩呢？

1.理解孩子的特殊生长期

两岁以后的孩子进入了“第一个心理反抗期”，面对孩子的这种成长规律，父母要做好心理准备。孩子不是成人，父母不能期待孩子的行为能够像成人一样理性自制，要习惯用孩子的思维去思考。对于那些原则性的要求，即使父母不能满足，也要理解孩子，做好抚慰工作，通过拥抱、讲道理、转移注意力、寻找替代目标等平息孩子的痛苦。

2.父母要遵守“适度”原则

不要“棍棒式”的教育，并不是对孩子不教育、不惩罚，不是对孩子碰都不能碰一下，而是指做事要有“度”，任何教育方式过度都是不好的。俗话说：“常骂不惊，常打不怕。”孩子做错事是一定要受到惩罚的，但如何惩罚就应用不同的方式，当然父母必须指出其错误所在，并让其承担后果，这样可以让孩子心服口服。父母应该让孩子明白，父母管教他，不是因为在找茬儿，而是因为他犯了错误。

3.给男孩留点面子

所谓“己所不欲，勿施于人”，父母都是要面子的人，孩子同样也需要顾忌自己的面子、自尊。当孩子做错事时，父母不要经常在外人面前打骂孩子，尊重孩子这个独立的个体。很多家庭都持有这样的观念：男孩脸皮厚，不怕打、不怕骂。殊不知，男孩的自尊心更强，当他们在外人面前觉得“没面子”时，他们的叛逆情绪会更严重。一个儿子离家出走了10年的母亲在报上刊登寻人启事：“儿子回来吧，妈妈错了，再不会打你骂你了，只求你回来！”这样辛酸的话无不让我们流泪，可是流泪的背后更多的是要反思。

随着社会的发展，家庭教育方式的变化，新的观念和理念不断为父母所接受，但万变不离其宗，关键是父母要有爱心、耐心和责任心，这样才能把孩子教育好。

细节29　不想当“将军”的想法，男孩要不得

“不想当将军的士兵不是好士兵。”拿破仑的这句经典名言激励了无数的人奋发向上。古往今来，有的人成为流芳百世的伟人，有的人庸庸碌碌平淡一生，追其原由无外乎是要当“将军”还是“士兵”。

一个人在追求理想的过程中，具备怎样的一种心态很重要。“不想当将军的士兵不是好士兵”就很好地诠释了一个在对待自己的理想和事业应该具有的心态——“要做就努力做到最好”。现代的社会是竞争的社会，培养孩子“做更好的”的心态很重要，这种竞争不是简单的“你争我夺”，而是一种自我能力的考验与体现。不想当“将军”的想法，是不思进取的想法，这种想法男孩要不得。

1.不想当“将军”的男孩容易消极

成功的取得需要不断地努力与积极进取的心态。而当“将军”的想法就是积极心态的最好体现，如果男孩没有这种上进的心态，他很容易在安逸面前变得迟钝、在困难面前变得畏缩，遇到问题就会变得消沉，即使这个男孩有机会成为“将军”，也会抓不住属于自己的“机会”，让自己逐渐消沉下去，最后沉寂在平凡的生活中。

2.不想当“将军”的男孩会“半瓶晃”

受父母溺爱等原因的影响，一些孩子怕吃苦，不思进取，抱着“只要不是倒数第一，可以不当第一”的心态对待自己的学习。有些孩子考试回来后，总会先和父母说“我同学某某倒数第一，我比他多了多少分”等，

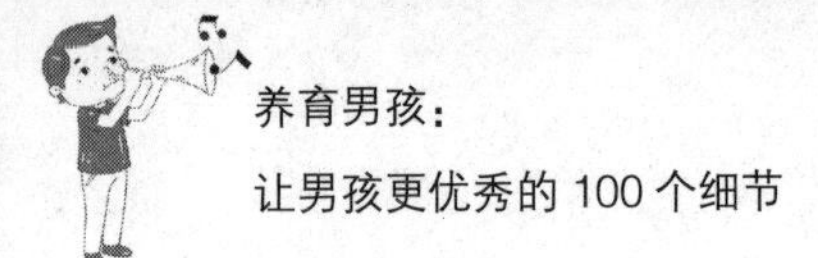

这样的男孩不是不聪明，只是不想吃苦、不想努力、不想当“将军”，这样的孩子成人后，会出现学艺不精，“一瓶不满半瓶晃”的情况。现代社会需要的是人才，“不专的人”也就相当于什么都不会了。虽说“行行出状元”，可是学艺不精的人，什么行业都当不了状元，也就事事无成，最后迷茫一生。

一个哲人看见三个泥瓦匠在干活，就问他们在做什么。甲回答：“我在砌墙。”乙回答：“我在盖房子。”丙回答：“我在学习怎样成为一流的设计师。”5年以后，甲依然在砌墙；乙盖起了一座又一座的大房子；丙却跻身于宫廷设计师的行列。

故事中，三个人最初的水平与能力基本上是一样的，可是各自给自己的定位不同，使结果产生了很大的差异。因为如果每个人都有了定位，就会很自觉地向这个方向迈进，最后实现自己的目标。那么，怎样培养男孩当“将军”的想法呢?

1.心态的培养最重要

心理暗示分为积极的自我暗示和消极的自我暗示。积极的自我暗示总是以肯定的积极语言出现，如“我行”“我能办到”之类，这种暗示源源不断地向人的神经系统和大脑提供信息，时间长了就会形成稳定的自我期望，使个人自觉地甚至是无意识地向着一定目标方向运动。积极的自我暗示会使人产生一种憧憬，给人力量与希望，调动人的内在潜能，发挥最大的能力。所以，父母在培养孩子当“将军”想法的时候，就要培养孩子的积极心态。

2.进步是“自己与自己的比较”

培养男孩当“将军”时，父母需要明确一个观点，当“将军”的心态是让自己可以做得更好，达到更完美的地步，但不是事事去和别人争名夺利。因为一个人习惯争名夺利，反倒会让自己步入“善嫉”的行列。父母要鼓励孩子，进步是“自己与自己的比较”，男孩需要有当“将军”的想法，要成为通过自己的努力而真正成功的人。

3.要成功就要有付出

人生有一条不变的法则就是：“一分耕耘，一分收获。”一个人不管从事何种职业，都盼望获取胜利，而成功的取得是需要以付出为代价的。多付出一分，就意味着多获取一分胜利。要想成为“将军”，那么我们就要多付出，付出才能得到回报。

当然，让孩子拥有当“将军”的想法，又要引导孩子保持一颗“沉稳”的心。要摆正对当“将军”的正确认识，男孩要有当“将军”的想法，并要为此不懈努力，当不成“将军”，我们努力的过程就是收获。

细节30 理智的男孩不做书呆子

学习知识就要将其运用到实践生产当中、运用到实际生活中去，如果一个人心中有“万卷书”，可是“一卷”都不为人所用，这个人就是标准的书呆子。通常我们理解的“书呆子”泛指：“死读书、读死书”和书生气很浓、不谙事故的人。父母培养孩子不仅仅是为了让孩子的成绩好、知识多，而是为了让孩子学会运用知识去发挥作用，从孩子的层面讲，一个有用的人是永远不会被社会所淘汰的人。

然而，今天的孩子，许多都是独生子女，父母很溺爱他们，什么事都为他们包办。“只要学习好，什么都不用做”这是父母常对孩子说的话。如孩子有什么爱好，父母以“玩物丧志”来拒绝孩子；孩子要交朋友，父母都要过问，只让孩子交往那些成绩好的学生，有一点儿调皮捣蛋的朋友都不会让孩子与之有交往；孩子要参加活动，父母以危险为由拒绝；孩子

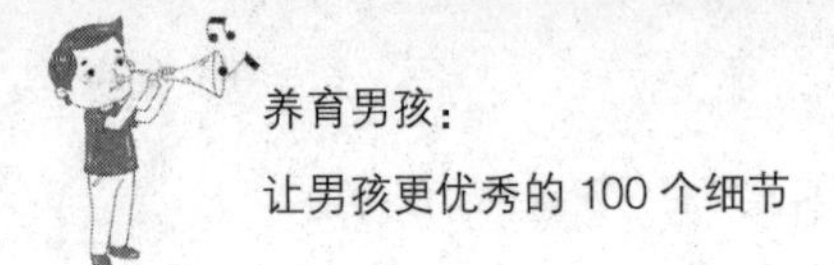

想帮助父母干点儿家务，父母以学习为由不让……男孩每天要做的事就是学习，这些最终变成脱离社会、不懂与人交往，只会学习的书呆子，正是父母们教育不当的结果。古人讲究“读万卷书，行万里路”，今天的一些孩子“万卷书”读了，“万里路”却一里都没有走。

从前，有个书呆子上街买鞋，却不知道尺寸，掌柜量了他脚的尺寸，为他拿了一双十寸的鞋。可是书呆子想起尚未找到根据，忙奔回家中，从书箱里找出父亲留下的书简，上面写着他穿六寸鞋子。于是，书呆子要掌柜给他六寸的鞋。结果，书呆子把六寸的鞋穿破了。掌柜好奇地拿过书简来看，上面写着：“吾儿七岁，着鞋六寸”。书呆子断章取义，迷信书本，仍旧穿着那双六寸的鞋子回去了。

很显然，这个书呆子犯了教条主义的错误。说话、办事、想问题，只从书本出发，不从实际出发。清代人钱泳说过：“为官者必用读书人，以其有体有用也。然断不可用书呆子，凡人一呆而万事隳矣。”书呆子似的人不仅不会有出息，有时连基本的生活自理能力都缺失。所以，父母应教会自家的男孩不做书呆子。

1.让男孩从小接触社会

中国科学家李四光说：“书是死的，自然是活的。读书是间接的求学，读自然书乃是直接的求学。只知道书不知道自然的人是书呆子。”男孩如果从小与社会脱节，就会形成一种自我防卫机制，这样在人际交往上必然要表现出弱势。父母应该从小就让孩子参与社会实践。例如，逛超市时可以带着孩子参与采购；孩子自己的事情，在保证安全的情况下让孩子亲力亲为。待孩子长大后，让孩子多参与学校组织的社会实践，家庭条件允许也可以带孩子旅游，多到大自然中去走动。

2.不要让男孩做书的奴隶

叶圣陶先生在《读书的态度》中说：“处理现实生活是目的，读书只是达到这个目的许多手段之一。要使书为你自己用，不要让你自己去做书的奴隶。”

盲目相信书本，将会贻害无穷。这样的例子很多，如赵括纸上谈兵，落得全军覆没；马谡言过其实，丢失重镇街亭，都为我们留下了深刻的教训。所以，我们不能犯盲目相信书本的毛病，别成了书本的奴隶。

3.不做书呆子也能学习好

在许多父母的眼中，学习好的孩子肯定是每天都在学习。实际上，很多成绩优秀的学生并不是书呆子。

刘旭在高中时担任班长和学生会干部等职务，他积极参加各种社会活动，在同学中很有人缘和威信。丰富的社会实践活动不仅没有影响他的学习，反而让他锻炼出超乎常人的坚忍和镇定。同时，他还是个电脑通，除了擅长在同学中流行的电脑游戏，他还是计算机编程、网页制作、动画、flash的高手。高考时，他的分数在学校名列前茅，考上了名牌大学。

别让男孩有书呆子气，主要是要让他们多与人交往、多参与社会活动、多接触生活，别让他们死读书、读死书。这也有利于男孩轻松地走上社会，适应社会的需要。

细节31　培养男孩的兴趣，玩出水平

孔子说：“知之者不如好之者，好之者不如乐之者。”兴趣是人们活动强有力的动机之一，它能调动人的生命力，使人们热衷于自己的事业而乐此不疲。兴趣的作用很大，因为它可以作为一种无形的动力，对人起到一种正面的导向，让人拥有积极的心态。喜欢，人们才有兴趣投入，才会更加努力、更加深入地去做事情。兴趣可以是自然而然的，也可以通过后

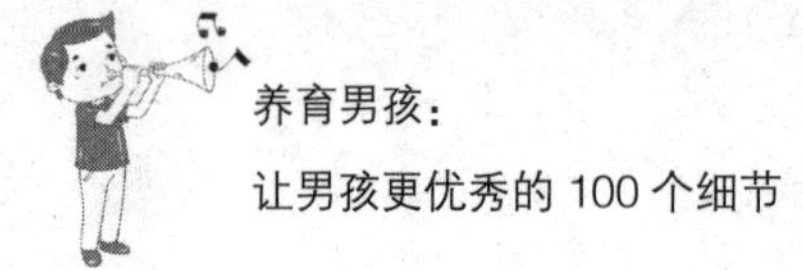

天培养。

实例分析表明，科学家、艺术家的成长很多是受到家里长辈的影响，家庭气氛轻松愉快，对孩子兴趣、爱好的形成很有好处，如果一个家庭审美情趣很高，孩子在艺术方面的兴趣会更多；如果一个家庭严谨科学的态度很明显，那么这个家庭出现科学家的情况也会增多。

祖冲之是我国古代杰出的数学家、天文学家。祖冲之出生于书香世家，他的祖父和父亲都从事科学观测学术研究。祖冲之在家庭环境的影响下，特别喜欢亲近自然。他的父亲发现当小冲之和他一起在书房推测星象时，他会变得神采奕奕，思维活跃。祖冲之的爷爷祖昌也发现了这点：祖冲之尽管背书不行，但对大自然却充满好奇，经常缠着爷爷和爸爸问这问那，表现出非凡的智力。爷爷开始有意识地在这方面指引他，帮他打下扎实的基础，这才有了祖冲之后来的成就。

一个人随着年龄的增长、知识的积累，兴趣的中心会发生转移。就年龄方面来说，儿童期往往对图画、歌舞感兴趣，青年时期对高科技、运动感兴趣，成年时往往对某种职业、某种工作感兴趣。就时代来讲，不同的时代，不同的物质和文化条件，也会对人的兴趣的变化产生很大的影响。

成就的取得是由于人对某件事产生了兴趣，从而触发人去积极获得这方面的知识或参与这种活动。有些父母可能会觉得，没有发现孩子对哪些方面感兴趣，怎么培养孩子的后天兴趣呢?

1.让男孩多接触、多参与，细心发现孩子的兴趣

兴趣和人的认识、情感有着密切联系。如果一个人对某项事物没有认识，也就不会产生情感，更不会对它发生兴趣。爱好是兴趣的前提，而认识是爱好的根本。所以，父母让孩子在小的时候有机会接触各方面知识对兴趣的培养很重要。现代媒体发达，各种知识很容易获得，父母可以从孩子的表现中观察判断孩子感兴趣的方面，然后培养孩子。正如杜威所说：

“兴趣显示着最初出现的能力。”因此，做一个细心的父母，注意发现孩子的兴趣所在，这是非常重要的。

一位母亲发现儿子对鱼特别感兴趣，于是上街买鱼时，就把儿子带在身边，让他挑选水池中的鱼：灵活机警的鲫鱼，身体扁扁的带鱼，头大体粗的胖头鱼，还有悠闲自在的鲢鱼……儿子真是大开眼界。至于博物馆中那些有关鱼类的陈列，更是看了不知多少次。儿子还时不时地说：“这条鱼的说明，要我写的话，我会这么写……”听儿子说话的口气，俨然一个鱼类专家。

儿子由吃鱼，到养鱼、钓鱼、做鱼，慢慢地对鱼类的知识有了更全面深刻的理解。后来，儿子写了很多关于鱼的文章，深受老师的好评。这位母亲相信，自己的儿子长大后肯定会成为真正的鱼类专家。

2.要培养男孩兴趣的“专一性”

父母培养孩子兴趣时，还要让孩子学会坚持，因为学习任何知识，追求任何兴趣，肯定是要先苦才后甜的，如果孩子仅仅是几天的兴趣，因为吃苦就放弃了，那兴趣的作用根本发挥不出来。有的男孩今天对车感兴趣，明天对天文感兴趣，后天又对电影感兴趣，但是没有对一样去深入地学习，这样当然无法取得大的成绩。所以，孩子的“专一性”很重要，兴趣可以广泛，但不可“泛泛”。

著名科学家达尔文，因一次考察，对某岛上动物外形的异样产生兴趣。也许一般人会奇怪一阵子，就逐渐淡忘，但达尔文却不罢休，他进入了更深一层的研究，并用了22年的时间写成了《物种起源》一书，提出进化论。

3.培养男孩的兴趣要张弛有度

在培养孩子兴趣过程中，任何逼迫和放任都不是好方法。在现代社会，从小培养孩子的兴趣特长是很多父母的选择，但是在培养孩子的过程中也出现了很多的问题，有的孩子因为父母的放任而变得任性妄为，有的孩子在父母的逼迫下在心灵上埋下了抑郁的种子。就如一些父母过于逼迫孩子学这学那，容易让孩子对于学习产生畏难情绪和疲惫心理，这对于孩子的承受能力来说是太过分了。因此，最好的方法是，在生活中发现孩子的兴趣并及时培养，将其转化为孩子的爱好和特长。

让孩子尽可能地体验到成功的喜悦，是巩固兴趣的最好办法。其实，如果孩子能长时间全身心地投入某一件事情，正是其心智充分发展的契机。由此而形成的专注力，更是今后成功的重要基础。

细节32 不是每一个男孩都需要“家教”

父母为自己的孩子请家教，一般是因为发现孩子在学习上出现了一些偏差，或者是想让孩子有更高一层的提高。父母希望能够通过家教，把自己孩子较差的功课补上来，或者让孩子走在其他孩子的前面。但是孩子们存在学习上的差异，每个孩子自身的情况都不同，他们既有智力因素形成的差距，也有非智力因素形成的差距。如果不分清具体情况，盲目地为孩子请“家教”，有时反而会造成负面影响。

1.让孩子养成对“家教”的依赖性

孩子大部分知识的学习还是要靠课堂上教师的讲解，如果父母动不动就要为孩子请家教，就会让孩子养成对家教的依赖，在课堂上总是分心、不好好学习。很多孩子私下里都表示过：“在课堂上不用好好听，我回家有家教的。”也有一些父母为了孩子上课时听得更明白，让家教给孩子提前讲课内知识，这样更容易引起孩子课堂上的不注意听讲。一位老师曾发出这样的感叹：“孩子三年级的课程都学完了，我在这儿讲一年级的课，孩子当然不会听了！”

2.“家教”使孩子缺乏“独立思考”的能力

家教一般情况下是针对孩子比较弱势的科目进行补习的课程。正因为如此，为了体现家教的效率，很多家教老师会直接为孩子讲解怎么去做，而不是让孩子去学会思考怎么做题。这样孩子在哪一科不好以后，父母着急为孩子请家教，孩子自己都不用去思考，而是用“家教”去做。

王新马上升入初三了，妈妈担心他的中考，就为他请了物理、数学家教。在请家教后的一次模拟考试中，王新的成绩真的有所提高，妈妈高兴的同时就把家教停了。可谁知在下一次的考试中，王新的成绩大幅度下滑，妈妈无奈，就又为孩子请了家教。可再考试孩子的成绩基本上就没有什么变化了，甚至还有些退步。原来王新过于依赖家教，上课不认真听讲，老师讲的知识，他没有学会。家教和老师讲的许多内容又不完全一样。

像王新的这种情况，现在的中学生不占少数，尤其是男孩在家教的监督指导下，成绩提升较快，可一旦停止家教就出现下滑。父母盲目地给孩子请家教，反倒会产生负面影响。针对不同孩子的不同情况，父母应该有不同的对策。那么，哪些孩子确实需要请家教呢？

1.学习方法不当的学生可以请家教

把在学习上有差距的孩子，笼统地归结为差生是不准确的。有些学生学习成绩差，是因为学习习惯不好、学习方法不正确等原因引起的。如果得到有经验的家教及时纠正，是完全可以转变的。有些学生在学习上很吃力，但肯下苦工夫去学，这样的学生请家教也是大有用处的。

2.理解能力不完善的学生需要请家教

孩子的理解能力、接受能力和记忆能力是有差距的。有些学生在课堂上理解得很快，但到写作业的时候就忘记了许多；有些学生理解得较慢，但在理解之后往往能较长时间不忘。一些学生在规定的时间里，对消化新

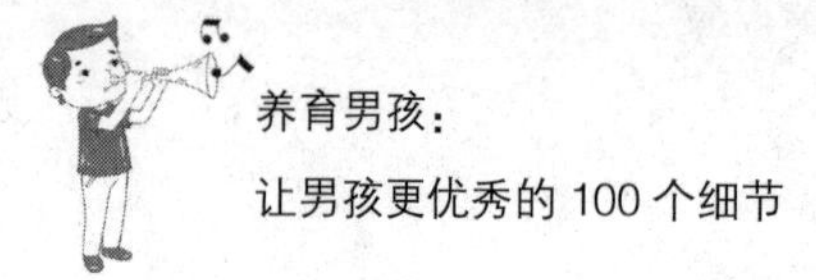

知识感到吃力了。这样的孩子可以请家教，帮助孩子消化知识，为孩子提供一些消化知识的方法和技巧，但主要还是要孩子慢慢学会自己思考。

3.聪明但不用到正地方的孩子可请家教

一些孩子很聪明，但因自小缺乏必要的纪律约束，无坚强学习意志，贪玩，过分迷恋电脑游戏，学习自然也难如人意。在这种情况下，请家教既可以在方法上予以指导，又可以在学习上予以督促。这些孩子请家教后效果往往比较明显。

还有成绩比较好的学生，求知欲比较强，想扩展自己的知识面，自愿请家教的，父母也可以适当考虑。

然而，父母要知道，家教并不是“救世主”，聘请家教并不是提高孩子学习成绩的唯一选择，也不是最佳选择，能不请时最好不要请。因为绝大多数孩子如果上课时认真听讲，在学校认真学习，回家认真复习，是能够跟上学习进度的，并不是所有孩子都需要家教的。

细节33　让男孩自愿参加学习培训班

在一些家庭，很多父母让孩子在上学前就开始参加各种补习班、辅导班、兴趣班，什么英语、美术、书法、作文、奥数、演讲等，原因只有一个“不让孩子输在起跑线上”，这是现在大部分父母的心态。上学期间不停地补，寒假、暑假补得就更忙了，有的孩子一天就要上几个辅导班。父母为了孩子的学习又花钱又费心，可是有的孩子却不认同父母的这种做法，甚至因为上辅导班的事和父母大吼大叫，很多父母对此感到伤心。可是，父母们仔细想过没有，为什么有的孩子不喜欢去学习培训班？

1.辅导班会占用男孩的“业余时间”

很多父母为孩子报名参加学习培训班，不去具体分析孩子到底是否真的需要，把孩子仅有的业余时间都占用了，孩子就会从“心底”讨厌培训班学习，学习效率自然就会降低。所以父母要合理安排孩子的培训班，不要把孩子的时间都占满了；要给孩子一些自由的时间，让孩子做一些自己感兴趣的事。

2.部分男孩认为“辅导班”是学习差的表现

有一部分孩子认为学习不好的同学才会去学习培训班，所以自己拒绝去参加此类补习班。他们觉得，在学校上课老师讲的内容自己都能学会，作业也没有问题，学习成绩也不错，没有必要再参加什么辅导班。

3.男孩的虚荣心作祟

很多学习好的孩子因为“面子问题”不愿意在同学、朋友面前承认自己学习好是因为上了补习班，所以，他们宁可自己在家偷偷地努力，也不喜欢到补习班学习。

父母真的应该好好反思一下让孩子参加补习班的做法是否合适，给孩子过多的学习任务和压力，容易让孩子产生厌学心理，尤其是青春期的男孩们，反抗情绪更大，所以，学习培训班最好让男孩自愿去参加，才会让这种培训达到事半功倍的效果。

1.合理安排男孩的业余时间

要安排孩子参加辅导班就要和孩子认真商量，让孩子自己确定是否参加、参加哪个，什么时间参加等，让孩子自己参与到对学习培训班的时间安排上，这样孩子就会留出一些学习以外的时间。同时，和孩子一起商量，尊重孩子的选择，孩子就不会排斥自己选择的培训班。

2.孩子性格不同，父母策略也应不同

有的孩子性格要强，怕自己落后在其他同学之后，父母不给报学习培训班，还会对父母有意见，这样的孩子父母只需在宏观上帮他们把关，通过对比选择教学质量好的学习班就可以了。有些孩子性格腼腆，这样的孩子父母可以咨询孩子的好朋友，是否有同时需要参加培训班的，让孩子可以有个同学陪伴，这样孩子就会相对抵消对陌生环境的恐惧。

3.不愿上辅导班，父母不应勉强

孩子不愿意上辅导班，父母不能勉强，因为孩子勉强去了，到那里也会不认真学习，学习的效果也不会很好。只有让男孩真正地认可辅导班，愿意参加辅导班的学习，才是解决问题的根本办法。

让男孩自愿参加学习培训班，是为了让男孩能够有效地提高学习成绩和自身的能力，这对孩子在学校的学习是一项有益的补充。所以，让男孩自愿参加学习培训班的前提是孩子真正地需要，而不是父母的强迫，不是看见别人参加，自己也盲目地效仿。

第五章

品质教育，让男孩历练成为男子汉

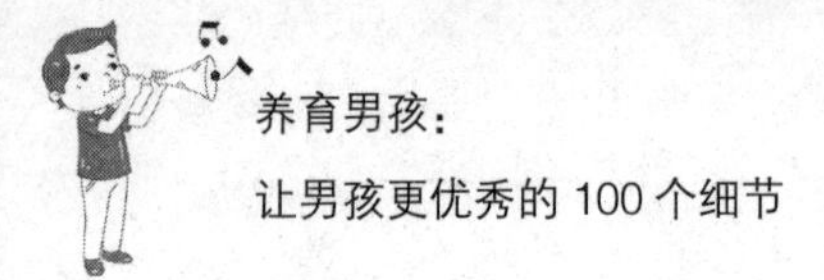

细节34 诚信是做人的首要道德标准

孔子说："人而无信，不知其可也。"如果一个人言而无信，就不会有立足之地。诚者，真实无妄，就是要说真话、做实事、遵守自己的约定。在我国古代教育中，老师们经常对学生说"齐家、治国、平天下"，无论是家、国，还是社会，都需要诚信的人，尤其是男孩未来的责任重大，有诚信才会在家庭、工作、社会中有自己的一席之地。

1.诚信的男孩将是家庭的"顶梁柱"

男孩成长为男人，要成家立业，养育下一代，肩负起家庭的重任，如果一个人在家庭里都不诚信的话，更不用说在社会中诚信了。更让人忌讳的是男孩在外面装得很诚信、很大度，回到家里却不重视与家人的诚信。正如唐代魏征说："夫妇有恩矣，不诚则离。"家和才会万事兴，若家人彼此缺乏忠诚，家庭便会逐渐崩溃；而诚信的男孩则会成为家庭中的"顶梁柱"，妻子的好丈夫，孩子的好父亲。

2.诚信的男孩会是工作中的"栋梁"

男孩在工作中讲求诚信，才会得到领导、同事的信任与推崇，才会更好地发挥自己的能力取得成绩，达到自己的理想目标。例如，现在经商之人最重要的就是诚信，可以说诚信是企业家的一张金质名片。

3.诚信的男孩在社会中会成为"人杰"

社会中人与人之间的交往贵在诚信，人若不讲诚信，彼此无信任感，后患无穷。一个人有了诚信的品质，才会取得他人的信任，结交到知心朋友，"朋友多了路好走"，当遇到困难时，才会有人真心帮助你。"反身

而诚，乐莫大焉”，做到了真诚，自己的内心也会坦然宁静。

北宋词人晏殊，素以诚实著称。在他14岁时，有人把他作为神童举荐给皇帝。皇帝召见了他，并要他与一千多名进士同时参加考试。结果晏殊发现考试是自己十天前刚练习过的，就如实向真宗报告，并请求改换其他题目。宋真宗非常赞赏晏殊的诚实品质，便赐给他“同进士出身”。

纵观历史，很多取得大成就的人都是诚信的人，都是从小就具备这种美德的人。古代圣王禹、汤，循义讲信而天下大治；暴君桀、纣，背信弃义而天下大乱。所以，父母在重视孩子学习成绩的同时，更应该重视孩子的诚信品德的培养，让男孩成为一个德才兼备的人。

1.父母要首先对孩子做到诚信

父母要让孩子讲诚信，自己首先要对孩子诚信，曾子杀猪教子的故事我们都知道，我们不能欺骗孩子。有时父母认为孩子还小，不需要和孩子讲究什么言行如一，殊不知，这样的做法危害是很大的。正因为孩子小才愿意向父母学习，我们应该为孩子树立讲究诚信的榜样。亲子信任是诚信教育的基础和载体，只有充分取得孩子信任的父母，才能担任好诚信教导者的身份，以个人魅力和榜样力量引导、教育孩子；只有充分信任父母的孩子，才能够乐于被影响和塑造，最终朝着真、善、美的方向健康成长。

2.让孩子做到“不自欺”

对外人真诚相待，先要做到不自欺，所谓“诚其意者，毋自欺也”。尤其是青少年们处在重要的求知阶段，在生活、学习上犯错误是正常的，父母要引导孩子正视自己的不足和错误，并及时改正缺点、弥补不足。切忌文过饰非，弄虚作假。

华盛顿小时候因为好奇，用斧头砍倒了他父亲的一棵樱桃树。父亲见心爱的树被砍，非常气愤，扬言要给那个砍树的人一个教训。而华盛顿在盛怒的父亲面前毫不避讳地承认了自己的错误，父亲被感动了，称华盛顿

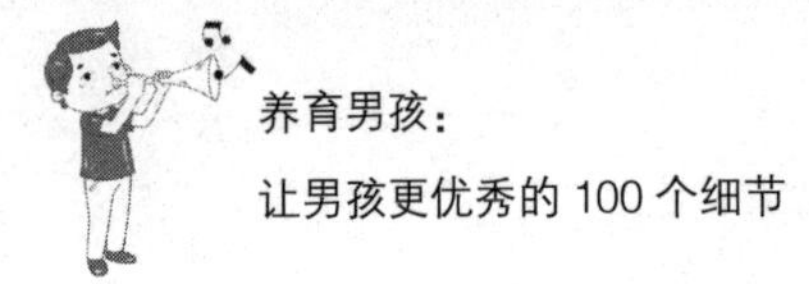

的诚实比所有樱桃树都宝贵得多。

3.诚信，要从小事做起

讲诚信，就是不违背和忘记自己的诺言，说到做到，言行一致。诚信不分大小，有些人认为如遵守时间等小事，不用讲究诚信，大事上遵守约定就行了。然而，小事上都不遵守诚信的人，怎么能让人相信他在大事上会讲诚信呢？所以，父母在培养孩子诚信的品质时，要让孩子从点点滴滴做起，让孩子切身体会诚信的含义。

诚信是一个人立足社会和成长发展的基石，更是人性一切优点的基础。父母教授给孩子各种美好的品质和高尚情操，就是父母留给孩子最宝贵的财富。

细节35　“撒谎”有度，男孩必须“诚实”

心理学家认为，撒谎并不都是一种坏行为，出于礼貌、出于爱而撒谎，往往能得来好人缘，因为这也是待人接物的一种技巧。美国麻省理工大学社会心理学家费尔德曼说：“若你问一般人说不说谎，他们通常会答：‘不，我从不讲大话。’或者说‘只出于善意’。”费尔德曼认为，说谎的动机可归为三大类：第一类，讨别人欢心，让人家感觉好一点儿；第二类，夸耀自己和装派头；第三类，自我保护。

2岁以后孩子的好奇心逐渐增强，脑子里会有各种想法，由于年龄的原因，他不会去区分真与假，所以就会把心里的想法当事实对父母讲出来，此时父母应该理解孩子的这种特殊心态。但随着孩子逐渐长大，男孩们会为了避免犯错误挨打、想得到喜欢的东西、想逃避做某件事情而撒谎，也有些男孩为了开玩笑而说谎，典型的故事就是我们经常听到的“狼来了”

的故事。到了青春期，男孩的虚荣心增强，孩子会更多倾向于为了面子而说谎，对于这样的说谎，在理解孩子的同时，父母应抓住孩子要“面子”的积极一面鼓励孩子。待男孩进入社会、成家立业后，有的男孩又会为了人际关系的融洽而说谎……

儿童心理学研究发现，几乎所有的儿童都会“说谎”，但孩子说谎并不一定都是不诚实的表现，孩子说谎的原因有很多。父母要具体地分析孩子说谎的心态和动机，针对不同情况采取不同的措施。

1.男孩犯错，父母“讲道理”是上策

很多孩子说谎是因为怕父母惩罚，所以孩子犯错后，父母应该心态平和地和孩子讲道理、摆事实，这样孩子不会因为惧怕受到打骂而撒谎，遇到问题会坦诚地对父母说出来。同时，父母还要注意方式方法，对于自尊心强或是非常内向的孩子，一定要注意孩子的“面子”问题，免得孩子因为顾忌面子引起又一次的说谎。

2.为恶作剧而说谎的男孩一定要惩罚

部分孩子说谎只是因为恶作剧，这样的孩子说谎性质比较严重，所以一定要严格管教。如果这样的孩子养成习惯后，轻则品行不端，害人害己；重则危害社会，甚至犯罪。这并不是夸大的说法，设想一个孩子从小的行为就是把自己的快乐建立在他人的痛苦上，这个孩子怎么能成为品行良好的人呢？父母如果发现孩子因为这种原因说谎，一定要严厉对待，必要的时候给孩子以适当的惩罚，让孩子明白这样的做法是错误的，不能做。

3.男孩偶尔说谎，父母应该予以谅解

有些孩子说谎是属于偶发性的说谎。只是因为某段时间、某件事情赶到了一起，导致了孩子说谎。在这种情况下，父母如果发现孩子说谎也要让孩子说明前因后果，然后判断孩子的做法是否合理，再给予批评和指正。如果父母觉得孩子的谎话情有可原，那么偶尔的谅解是可以的；但是

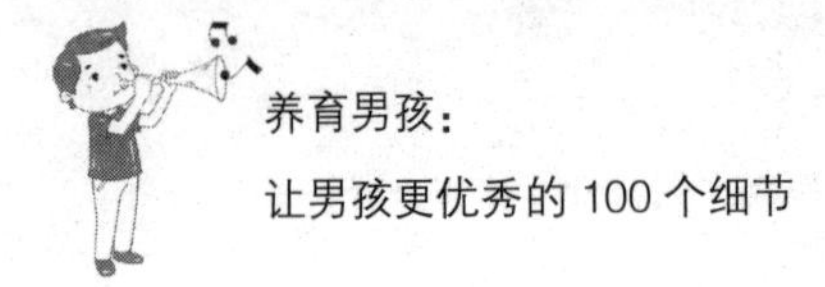

要对孩子说明，说谎毕竟不是好的行为，尤其不能把偶尔的说谎演变成习惯性说谎。

针对男孩不同的说谎原因，父母要用不同的方式校正孩子的说谎行为。其实，父母可以理解，人生在世有时“说谎”在所难免，但要有“度”，总体来说还是要尽量避免说谎，尽量能坦诚自己的心态。

细节36 勇敢是心灵的一种定力

勇敢的人是有“勇气”的，“勇气”是抽象又是具体的，从“人生自古谁无死，留取丹心照汗青”到“我自横天向天笑，去留肝胆两昆仑”，这都是勇敢的人有“勇气”的象征。因为有了“勇气”，人可以无惧生死；因为有了“勇气”，人可以无惧权势；因为有了“勇气”，人敢于攀登任何高峰……勇气让人抓不到、摸不着，但勇气却存在于人的心间。男孩在人生成长过程中需要承担很多的责任，所以更需要“勇气”。

然而，有些父母由于过于溺爱孩子，什么事情都不让男孩去尝试，忽视了让男孩学会自立，这会对男孩产生很多不良的影响。因为从小什么事情都是父母代劳，男孩没有尝试过成功和失败，所以没有勇气对待生活中的一切，甚至包括天黑不敢出屋、一个人不敢睡觉、一个人不敢上街等。

心理学上对人的性格有具体区分，如果人的性格属于那种胆小、懦弱倾向比较重的人，而后天父母又没有很好地帮助孩子纠正懦弱、培养勇气，也会让男孩变得不够勇敢。如果孩子性格懦弱，父母要多给孩子鼓励，克服性格的缺陷，让孩子勇敢起来。

秦王想统一中原，不断向各国进攻。他拆散了燕国和赵国的联盟，使燕国丢了好几座城。燕国太子丹想找勇士刺杀秦王，后来，太子丹物色到

了一个很有本领的勇士，名叫荆轲，虽然荆轲知道自己可能有去无回，可为了国家，荆轲答应了。公元前227年，荆轲从燕国出发到咸阳去，临行的时候，荆轲给大家唱了一首歌："风萧萧兮易水寒，壮士一去兮不复还。"

荆轲的这首歌，唱响了很多男性的豪气，尽管荆轲失败了，但他留给人们的是一个勇士的精神，一种明知危险也要完成使命的"勇气"。

无论时代怎样变迁，男孩都是需要一种勇气的，父母可以从以下几个方面着手帮助孩子认识勇气、培养勇敢的精神。

1.勇敢的男孩是要有理智的

勇敢不在于无视危险，而在于认清危险、战胜危险。勇敢是要建立在正确的途径和正确认知的基础上的。因为"勇敢"本身是很中性的词，用在正义上的事，可以有勇敢；用在邪恶的事情上，也可以有勇敢，所以父母要让男孩正确辨认是非。把勇敢用在正确的事情上，用在有意义的事上。例如，父母告诉男孩遇到坏人威胁到自己的生命时不能和坏人硬来，这并不能说明男孩不勇敢，用自己的智慧去战胜威胁，这才是真正的勇敢。

希腊有句谚语说："如果没有正义，勇气不是美德。"英国也有句谚语："行为最勇敢的人心地总是最善良。"这都说明一个道理：勇敢要和正义连在一起才是可取的，和正义连在一起，男孩才会表现得更加勇敢。一个男孩"好勇斗狠"，那不算是真正的勇敢。

2.榜样教育

孩子的人生观、道德观以及性格都是在多渠道教育影响下逐渐形成的，在这样一个过程中，孩子特别需要父母的关怀和指引。作为父母，应有意识地培养孩子的勇敢品质，多和孩子讲讲古今中外表现出大智大勇精神的英雄故事，指导他们学习英雄人物的优秀品质。

3. 父母注意自己的言传身教

俗话说："将门出虎子。"在培养孩子的勇敢品质时，父母的言行举

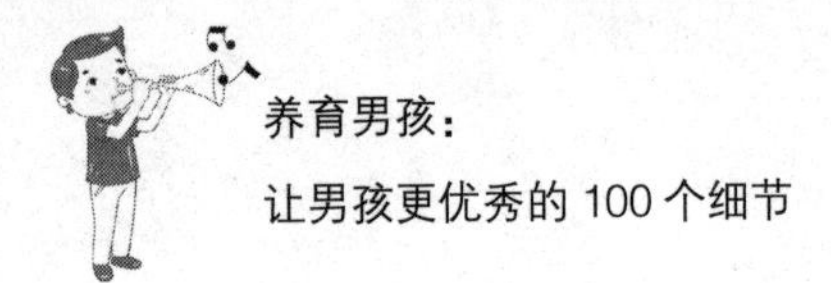

止很重要。父母在日常生活中，对他人、对家庭、对集体、对社会，都要勇于承担责任，切忌“各人自扫门前雪，不管他人瓦上霜”。给孩子一个良好的榜样，孩子的勇敢品格才会在学习和生活的实践中逐渐形成。

勇者无敌，因为有了勇气，具备了勇敢精神，从内心产生了一种定力，这样的男孩才不会在困难面前倒下，他们会不断地战胜困难，不断地取得新的胜利。正如有人所说：“如果你是懦者，你自己乃是你最大的敌人；但如果你是勇者，你自己乃是最大的朋友。”

细节37 培养男孩“不服输”的精神

大诗人泰戈尔说：“上天完全是为了坚强你的意志，才在道路上设下重重的障碍。”当今社会竞争压力大，很大程度地考验着人的意志，如果在困难面前变得胆小、退缩，那就注定要失败，正因为如此，培养男孩拥有“不服输”的精神，会让男孩拥有适应社会的能力，拥有克服困难的“武器”。当然，要培养孩子正确地对待“不服输”，要积极地“不服输”，而不是消极地“不服输”。

有的人在困难或失败面前，会有“愈挫愈勇”的心态，这就是一种积极的“不服输”的心态。他们认真地对待自己的失败，努力寻找失败的原因，提高自己的实力，然后再去争取成功。他们觉得：“受到再大的打击，只要生命还在，每天的太阳都是新的。”他们不怕竞争、不怕失败，这样的人更适应现在社会的需要。

还有一些人面对失败不是积极寻找失败的原因，而是揪住“失败”本身不放，总在为自己寻找客观原因，把失败的责任推到别人身上，推到客观原因上。这些人在失败后，虽然也会有“不服输”的精神，可是他们通

常没有明白这种精神的含义。有时，他们甚至会做些愚蠢的举动，如诋毁别人、用不正当的手段去阻碍别人，对战胜自己的人耿耿于怀。这种“不服输”的心态是需要抵制的。

李女士的独生子因为和人打架，把人打成了重伤，孩子被抓到派出所。因为此事，李女士的老公和她闹翻了，说是她把儿子惯坏了。李女士自己也在反思自己的教育方法，是否太宠爱孩子了，让他养成无论什么方面都不服输的性格呢？原来，李女士的儿子和人家打架的原因只是在踢足球时两队产生了摩擦，李女士的儿子所在的球队输了，比赛后他便喊了几个朋友去找对方出气。

这一事件就是孩子歪曲了“不服输”的精神导致的，要想让孩子把“不服输”的精神转化为动力，当然离不开父母精心的培养。

1.适当的挫折训练，让孩子理解“不服输”的真正含义

现在有种AQ的说法，就是逆境商数或挫折商数，指人们面对逆境或挫折时的反应。高AQ的人在面对逆境时，始终保持上进心，并把逆境当作激励自己前进的推动力，从而克服困难获得成功。例如，有些孩子考试不顺利、生活不如意，动不动就产生轻生的念头，这就是低AQ的表现。所以说，父母让孩子一生都顺风顺水，反倒不利于孩子的成长，因为孩子的生活中终究会出现他自己要面对的困难。

孩子做某件事时，父母尽管知道孩子会面临失败或是孩子实力不足，但也应适当让孩子去体验失败，然后帮助孩子分析失败的原因，总结如何对待失败。父母不要因为心疼孩子就想方设法满足孩子的要求，要让孩子多经历一些挫折，孩子才会珍惜成功的来之不易。

2.多让男孩接触竞技类的活动

调查表明，多参加竞技类活动的男孩在学习、生活中总会表现得很有闯劲、不轻易服输，父母可以让男孩参加各类活动，如篮球、足球、跑步

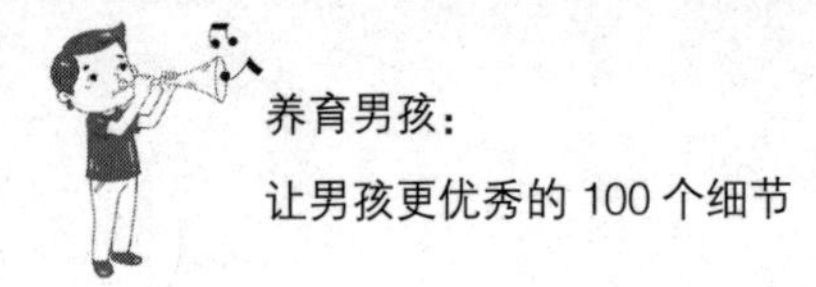

等，这些活动不仅可以培养孩子“不服输”的精神，还会让孩子明白团队协作的重要性。

3.少给孩子些服务，让孩子自己做

如果男孩长期生活在被服务的环境里，从进小学到读大学，以及工作的选择，都由父母去帮助承受压力、克服困难，男孩自然会变得不敢面对困难，更谈不上“不服输”了。其实，人在身处逆境时，适应环境的能力非常惊人。人可以忍受不幸，也可以战胜不幸，因为人有着惊人的潜力，只要立志战胜困难，就一定能渡过难关。父母要相信孩子，让孩子放手去做自己的事情，磨炼孩子勇于竞争的意识。

“大山再高也有顶，困难再大也有限”，而孩子的力量却在不断增强。孩子的潜力是无限的，只要孩子用不服输的精神去面对，困难总有一天会向他低头。正如有人所说：“常常被打倒在地并不要紧，要紧的是每一次怎么能够重新站起来。”

细节38　善良的男孩容易让人接近

“人之初，性本善”，人刚来到这个世界上时都是善良的。只是在后天的学习过程中人的性格才逐渐地发生了转变。我们换一个角度来看，其实“人之初，性本善”正是在劝解人们要拥有一颗向善之心。父母在教育男孩的时候，要注意培养男孩“善良”的品性，做一个善良的人，对待任何人、任何事都要本着“善心”，这样对人对己都是有益处的。那么，让男孩拥有善良的品性需要注意哪些呢?

1.对人要有诚心善意

法国作家雨果说得好：“善良是历史中稀有的珍珠，善良的人几乎

优于伟大的人。”善良的出发点不同，决定了善良的本质区别。一个“有目的”的善良是虚伪，而“无目的”的善良是真诚。正如“吃亏就是占便宜”，虽然善良的人在表现自己善良时可能会吃点亏，可是不会永远吃亏。教会男孩善良，就是教会男孩要出于诚心帮助需要帮助的那些人，对人对事要有出自内心的诚心和善意，而不是去考虑自己的诚心和善意能够换来什么。

2.善良还要不妄语

佛经里说“不妄语、不两舌”，这在日常生活中也是很适用的。如果一个孩子习惯于搬弄是非、出口成“脏”，就不会受到老师、同学及亲友的喜爱，也不是一个拥有健康心态的孩子。有的孩子做了一件善事，却是嘴不饶人，人家非但不感谢他，还会从心里讨厌他，这样的情况并不少见。所以，父母培养男孩善良的品性时，一定要注意教育孩子会说话，因为语言的伤害将会变成最大的伤害。

3.“善心”也要掌握恰当的时间与地点

日常生活中我们会遇到这样的尴尬：有些人对你伸出了友好的双手，而此时你不需要这样的帮助，却又不好断然拒绝；有时也会有人利用别人的善良去做些违法的事情，结果人们因为善良反倒受到了伤害。于是，一些父母认为“与其让孩子受到伤害，不如让孩子避免伤害”，别做善良之人。这种想法是不对的。其实，父母们只要让孩子聪慧起来，学会辨别真伪，善良便不会遭到这样的待遇。

4.赏识孩子“善意”的举动

如果孩子做的事得到了肯定和表扬，那么他还会继续这么做。当孩子帮了别人一些小忙，父母要告诉孩子自己赞成他的这一举动，鼓励他为别人多做一些令人愉快的事情。如果孩子对他人不友好，也不必责怪他。但父母应该让他认识到这样不好，不是好孩子应该做出的举动，并表示你对

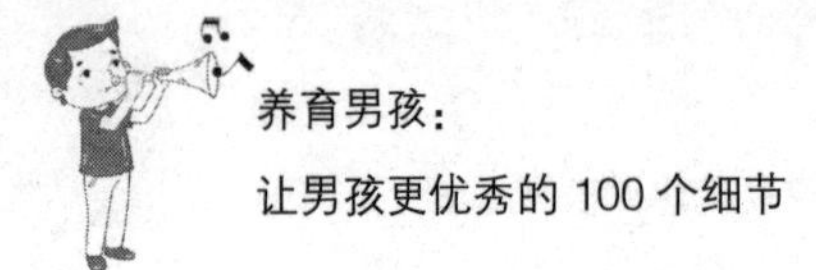

此的遗憾，相信他下次会做得好一些。

5.让孩子远离自私自利

自私自利的性格是“善良”的天敌。很多孩子从小被父母娇惯，不会顾及他人的情感与感受，一切都为自己着想，以自己为中心。父母把所有的爱都给了独生儿子，但儿子却很自私：好东西要先吃；父母生病不闻不问；心情不好就指责父母……所以，父母不要因为抱着“把最好的给孩子”的态度娇惯男孩，这样做的结果只会让孩子丢失一颗仁爱的心，一种宝贵的品质。

一株小树，从小在精心的栽培下有了坚实的基础，长成后自然就有抗御风霜的能力；若从小施以暴力、寒流，它便难以茁壮成长。我们做父母的要对得起孩子那双明澈的眼睛、那份纯净的心灵，把爱心的阳光照耀在孩子内心的原野上，这样我们的世界也会变成美好的人间。

细节39　勤劳的男孩更让人喜爱

日本有一句教育孩子的名言：“除了空气和阳光是大自然赐予的，其余的一切都要通过劳动才能获得。”勤劳的品德是其他一切的基础，只有在生活上勤劳的人，在学业上勤奋的人，才会取得想要的成绩。

1.勤劳是孩子面对困难时的盾牌

日本民谚说：“勤劳可以战胜一切困难。”是的，勤劳可以让孩子更有信心。对一位渴望成功的人来说，懒惰是最具破坏性也是最危险的恶习，它容易使人丧失进取心。勤劳可以慢慢化解困境和难题，是防止懒惰最好的武器。勤劳会让我们拥有面对困境的勇气，脱离困境并不断前进。

2.勤能补拙

“笨鸟先飞”这句话听着虽然很质朴，可是告诉我们的却是很有用的道理。由于遗传或后天等原因，孩子的资质可能不如别的孩子那么好，但这并不代表孩子就不能取得成功。只要勤奋学习，比别人多付出一分努力，多下一些功夫，就可以弥补我们的不足，孩子就会取得好成绩。

爱因斯坦小时候有些笨，直到10岁，父母才把他送去上学。在学校里，爱因斯坦受到了老师和同学的嘲笑，大家都称他为“笨家伙”。学校要求学生上下课都按军事口令进行，由于爱因斯坦的反应迟钝，经常被教师呵斥、罚站。一次工艺课上，老师从学生的作品中挑出一张做得很不像样的木凳对大家说：“我想，世界上也许不会有比这更糟糕的凳子了！”在同学们的哄堂大笑中，爱因斯坦站起来，从课桌里拿出两个更不像样的凳子对老师和同学们说：“有的，这是我前两次做的，比那个还差！”

就是这样“笨”的爱因斯坦，通过自己不懈的勤奋的努力，终于成为举世闻名的科学家。

3.智慧源于勤奋，伟大出自平凡

智商再高的孩子，也要有勤劳作为辅助才能发挥全部潜能。很多时候孩子的学习成绩无法提升，原因就在于学习不勤奋。父母们会对老师说：“我家孩子真的很聪明，就是不爱做题。”其实，这与孩子不够勤奋有很大的关系。

培养孩子勤劳的品质，可以让孩子受益一生。因为每个人都喜爱勤奋努力的人，机会也总是偏爱那些勤奋努力的人。

4.男孩的事情让他自己做

培养男孩勤劳的品质，只靠讲道理是不行的，还要让孩子在实践中锻炼，鼓励孩子亲自参加劳动。孩子小的时候，可以从小事做起，如训练孩子自己整理书桌、收拾房间。这个过程父母切忌觉得孩子做不好，就去帮助孩子整理。当孩子长大一点后，让孩子学习做基本的家务活。父母不要以为是男孩就不用做家务，家务活不分性别的。能够细致有条理地做些家务劳动，也是培养男孩细心做事的好方式。

5.帮助男孩树立热爱劳动的意识

一些男孩不会做家务或劳动，不是因为他不做，也不是因为他不想做，很多时候是因为男孩没有劳动的意识，是因为父母平时没有注意培养他，使得孩子“眼中没有活”。如果一个男孩没有劳动的意识，在班级里、集体里，什么都不想做，什么都靠别人，垃圾就在脚边都不知道收拾，是处理不好人际关系的。所以，父母要让男孩眼中有活，平时就要让孩子多做一些，让他知道什么应该做，什么可以做。如果母亲在大扫除，一些脏活累活就可以让男孩干，让他意识到这些活是“我应该做的”。

培养男孩勤劳的品质，会让孩子在学习上更勤奋，在工作中更努力，在与人相处中更融洽。更远点说，勤劳有利于男孩成家后夫妻关系的和谐，家庭生活的美满。

细节40　男孩要有责任心，敢于担当

“鞠躬尽瘁，死而后已。”诸葛亮的一句话道尽了一个有责任心的人最高境界。有责任心的人，具有对他人、自己以及所担当的事情积极主动负责的态度。

“现在的孩子责任心太差了！”很多父母对孩子都有这样的评价。

责任是道德的核心，是人类基础道德最本质的东西。我们很难想象，自私自利、没有责任感、没有爱心的孩子，将来如何担负起作为男人的重任。现实生活中，有些孩子的责任意识比较薄弱，自我意识强，遇事只

求自己合适，很少考虑到他人和集体，对长辈没有礼貌，对集体漠不关心……究其原因，这无不和我们对学生道德价值观的教育缺乏责任心的培养有重要关系。

一个大学毕业生到某公司任职后，才几天就不想干了，可他在离开前没有去和公司交接工作，也没有把自己分内的事情布置好再离职，这就是责任心缺失的表现。他不知道这样做是他的责任，而只是按着自己的性子来。

责任心是男孩不可缺少的品质，在工作、家庭中责任心是男孩工作成功、家庭和睦的基础。一些父母认为孩子还小，长大后他们知道该做什么就行了，没有对孩子严格要求，使得孩子意识淡薄，责任感不强，这是不利孩子成长的。

1.责任心首先是对自己负责

责任感的形成是一个人成熟的标志，这一标志首先就是要对自己负责。如果一个人做什么事情都满不在乎的，影响最大的还是自己，绝对不会是别人。所以，父母最先可以做的就是让孩子对自己负责，当孩子小的时候，就让孩子对自己的物品、对自己的功课等属于他们的东西负责。长大一点儿后，让孩子对自己的承诺、对自己的行为负责。孩子做错了什么事，出现不当的后果，父母不要急于为孩子“摆平”，而要让孩子学会自己承担责任。

2.责任感是在生活中一点一滴地培养的

某外企在中国招聘员工时，在面试的地方故意扔了一张纸在地上，用以观察应聘人员的反应，是否把纸捡起来成了能否进入复试的第一道题目。可见，缺乏责任感是很难在现代社会立足的。然而，许多父母只抓孩子的学习，不重视这一点，忽略了孩子的责任感是在生活中一点一滴地培养并形成的。平时事无巨细都为孩子安排好的父母，希望孩子能在某一天突然变得有责任感，就如同白日做梦一般。要教育孩子有责任心，需要从

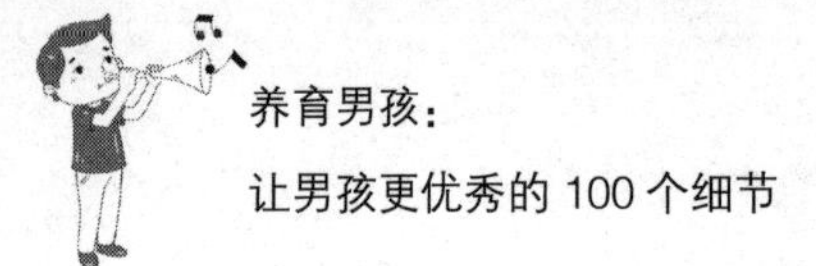

现在开始，从日常生活的小事开始。

3.教会男孩明辨是非

要使孩子在一些原则性的问题上明辨是非，懂得什么是该做的、怎么做才是对的。例如，让孩子知道自己的事情应该自己做；犯了错误要勇于承认；无论在学校还是在家里，都应该学会照管好自己的物品；按时完成父母或老师安排给自己的任务等。父母要注意的是：不要因为心疼孩子而事事包办代替，而应让孩子通过自己的劳动，收获果实。

有责任心，是面对失败坚强屹立、不畏挫折的意志。有责任心的人，敢于披荆斩棘，勇于直面困难。人所能负的责任，我必能负；人所不能负的责任，我亦能负。如此，男孩才能磨炼自己，成就学业和事业。

细节41　尊重是一种仁爱的情操

尊重他人是一种高尚的美德，是个人内在修养的外在表现。在生活中，对位高者的崇拜是尊重，对位低者以诚相待、倾听他们的声音，同样是尊重。孩子对父母的顺从是尊重，对老师的仰望也是尊重；夫妻间互相理解、互相体贴是尊重，朋友间的互相支持也是尊重……尊重他人是文明社会的社交方式，是顺利开展工作、建立良好社交关系的基石。

现实生活中，有的人却常常有意无意做出不尊重他人的行为。如同学之间虽然关系密切，可总是喜欢窥探对方的隐私，不给对方留空间；与人交谈时，只顾自己侃侃而谈，不给对方说话的机会；在听别人倾吐心事时，东张西望，心不在焉；对诚恳批评自己的人却耿耿于怀等，这些行为可能是无意识的，但这就是不尊重他人的表现。

每一个人的内心里都渴望得到他人的尊重，无论贫穷与富贵，无论成

人与孩子。尊重是一种对人不卑不亢、不俯不仰的平等相待，是一种对他人人格与价值的充分肯定。任何人都不可能尽善尽美，完美无缺，我们没有理由以高山仰止的目光去审视别人，也没有资格用不屑一顾的神情去嘲笑他人。

某商人看到一个衣衫褴褛的铅笔推销员，出于怜悯他塞给推销员一元钱，不一会儿他返回来，从推销员那儿取出几支铅笔，并抱歉地解释自己忘记取笔了，又对推销员说："我们都是商人。"几个月后，再次相遇，那个铅笔推销员已成为推销商，并感谢他说："你重新给了我自尊，你告诉了我，我们是个商人。"

一个人跋涉在崎岖的山路，朋友鼓励的目光推动着的，那是尊重；一个人遭遇人生的挫折，朋友温暖的双手紧握着的，那是尊重；一个人拾起马路上的垃圾，路人赞许的微笑，那是尊重；一个人懊悔曾经的过失时，父母的宽厚与理解包容着你，那是尊重……这些发自内心的支持和鼓励，都是真正的尊重。

1.男孩需要被尊重

在家庭教育中，父母也应该把孩子作为独立的个体予以理解和尊重，这更有利于孩子的成长和让孩子学会尊重别人，父母尊重孩子的不同意见、理解孩子的言行之外，更重要的是要尊重孩子的意愿。有些父母很矛盾，一方面寄望于孩子早日成才，另一方面又偷看孩子的日记、信件。其实，不采用偷看孩子信件的方式外，还可以通过仔细观察孩子外在的言行举止，以此获知他们潜在的心理欲望；通过与孩子的书面交流，了解孩子的思想动态，及时解除孩子的心结。

2.让男孩从尊重长辈做起

今天的孩子，有祖辈和父辈无微不至的呵护，他们得到了无尽的爱，养成了以自我为中心的习惯。这样娇惯的孩子，往往不懂得尊重别人。有的孩子对爷爷奶奶出言不逊，有的孩子对外公外婆指手画脚。祖辈们出于溺爱不批评孩子，觉得孩子高兴就行。实际上，这些问题会影响孩子世界观的形成。父母应该告诉孩子必须尊重自己的长辈，从小尊重长辈，这是孩子进入社会后，尊重别人的基础。

著名的思想家卢梭说："每一个正直的人都应该维护自己的尊严。"可尊严的维护是要靠我们学会去尊重别人的尊严而获得的。教会孩子尊重别人，这会让孩子赢得更多的尊重。你怎样对待别人，别人就会怎样对待你；你想得到别人的尊重，你就首先要学会尊重别人。

细节42　果断是治愈拖延恶习的良药

国外心理学上有个名词叫"拖延症"，是指一种拖延习惯已成为病症被研究。据研究，有15%～20%的人都是做事爱拖延的人，其中较严重的拖延情况就会被定义为"拖延症"，此症对人的影响很大，那么"拖延症"是怎么来的呢？

美国心理学家约瑟夫·R.法拉利认为，喜欢把事情拖到最后时刻去做的人患有"慢性拖拉症"。一般来说，一定程度的拖延行为属于正常，但长期的拖延则很可能是心理或生理失调的表现。法拉利教授将慢性拖拉症患者分为两类。一类是"激进型"拖拉症患者，他们的特征是有自信能够在压力下工作，因此喜欢把事情拖到最后一刻以寻求刺激。另一种是"逃避型"拖拉症患者，这类人通常对自己缺乏自信，因害怕做不好事情而迟迟不敢动手，或者害怕成功后得到别人的关注。

拖延未必"出错"，却是"坏毛病"。在日常生活中，客观地说，有时候拖延一点未必会误事。有的人就是习惯于在最后期限的压力下学习、

工作，然后努力完成任务。但拖延不是好习惯，而且容易带来不好的结果，一次“拖延”可能就会彻底改变事情的结果，改变一个人的人生。有时拖延会让人失去信用，有时拖延会让人丧失时机。

做事爱拖延的男孩可能会失去很多。有研究发现，办事拖沓有可能影响人们的健康、心情、金钱。年轻人比年长的人更容易有此症状，而男性对拖拉的抵抗力也稍稍比女性差一些。所以，男孩的父母应该注意让男孩杜绝拖延的毛病。

美国一项调查显示，等到最后一秒钟才去申报税款的人，往往容易出错，因此平均每人要承受400美元的损失，这种金钱损失在2002年累积达到4.73亿美元。研究人员发现那些习惯拖拉的人，往往会很随意地表决心，例如，常常会说“我明天就……”而这种表态通常有很大的冲动成分。

研究人员表示：容易冲动的人都对未来缺乏期待和规划。他们的行动中不会出现紧迫感，没有行动的欲望和精力，直至最后限期真的来临。有时，这些人都有很好的想法，只是最后行动上不去配合想法。

男孩一定要杜绝这种想法与行动不符的毛病，这容易让男孩成为空想者或者失言者。要矫治拖延的毛病，就必须养成果断行事的习惯，因为果断是治愈拖延恶习的良药。如何培养男孩果断的作风呢？

1.在生活中培养男孩果断的性格

在生活中让孩子自己决定上学穿什么，带哪些学习用具，怎样打理自己的物品等，父母要有意识地缩短留给孩子做决定的时间。

2.参加需要判断的体育活动

如果孩子有办事不够果断的毛病，可以带孩子多参加乒乓球、网球、羽毛球等体育活动。进行这些项目的活动，任何犹豫、徘徊都会延误时机、遭到失败。这些体育活动可以有效锻炼孩子果断的个性，让孩子知道该出手时就出手，不出手就会成不了事。

3.适当地给孩子加压

有的孩子做某件事的开始总是犹豫不决，而真正做起来后却很努力，并能取得成绩。这些孩子的优势在于执行计划，而决定计划方面比较薄弱，父母可以帮助他们学会制订计划，规定完成计划的时间。

一个人要想成功，最忌讳的就是没有决断力。男孩们应该记住美国富翁福特的话："想成为富翁的人必须相信，自己的命运要由自己来决断，有了决断就必须马上付诸行动，只要你决定做什么事，就一定要有无论怎样都必须去完成的精神。"

细节43　沉稳方显男儿本色

社会的迅速发展，竞争压力的增加，人们的心也跟着浮躁了起来：做事急功近利、学习急于求成、生活贪图冒进，有人说这是一个疯狂的年代。其实，疯狂的不是这个时代，而是这个时代的人。一些人缺少了务实、沉稳的做事风格，为人处世冒进浮躁。摆脱这些不良风气，需要培养男孩沉稳的性格。

1.沉稳需要男孩心态好

列夫·托尔斯泰说过："人生不是享乐，而是一桩十分沉重的工作。"让男孩在这个充满变数的年代清楚地认识自己，警惕冲动冒进，稳扎稳打，真正有"泰山崩于顶而不乱"的心态，这是男孩做事沉稳的保障。

2.沉稳的男孩要有耐心

十几岁的男孩正处在青春期，他们大多数人都处于一种浮躁状态。因为他们认为自己长大成人了，急于步入社会、急于自己处理事情、急于学业有成建功立业，这样的心态让他们做出了浮躁的举动，可是他们所要做

的一切却是要有耐心地忍耐十年甚至二十年才会成功的。所以，想进入沉稳状态的重点就是要让男孩拥有耐心，用耐心去克服自己的浮躁。

3.男孩沉稳的基础是能力

男孩做事沉稳，最主要的还是要有能力，有了能力才会在遇到事情时游刃有余，才会给他人、为自己带来信心和力量。

三国时期，诸葛亮的妻子黄氏颇有内才，品德极佳。诸葛亮出山辅佐刘备，行前，黄氏送来羽毛扇给诸葛亮并对他说：“你与家父畅谈天下大事时，我发现当你说到胸中的大志，就气宇轩昂；一讲到曹操，就眉头深锁；一提到孙权，就忧戚于心。大丈夫做事情一定要沉得住气，我送你这把扇子就是给你用来遮面，挡你脸的。”原来，诸葛亮“遮面”是说先要沉得住气，然后才能保持冷静，处之泰然。

上面这个故事是关于诸葛亮羽毛扇的趣谈，它告诉我们：沉稳是做大事所必需的。沉稳才能多思考，沉稳才不情绪化，别人也更愿意把沉稳的人当朋友。

4.让男孩学会做事“心中有数”

台湾商人陈武刚有个很著名的“蜘蛛理论”：蜘蛛在没有织好网以前绝对不会随便出击。蜘蛛结网都是有顺序的，先经后纬，一旦网络架好，蜘蛛就守候在旁随时等待机会，任何小猎物一旦触网，它都能迅速反应。沉稳的人做事之前都能做到“心里有数”，总会把问题考虑得周全，这样即使出现了突发情况，也能更好地处理。

5.建议男孩去学围棋、太极拳

如果孩子过于浮躁，父母可送男孩学习围棋或是打太极拳，前一种活动在锻炼男孩智力的同时，也能磨炼男孩沉稳的气质，后一种活动锻炼男孩体质的时候，更要求男孩张弛有度。这两种活动都对男孩沉稳的塑造大有好处。

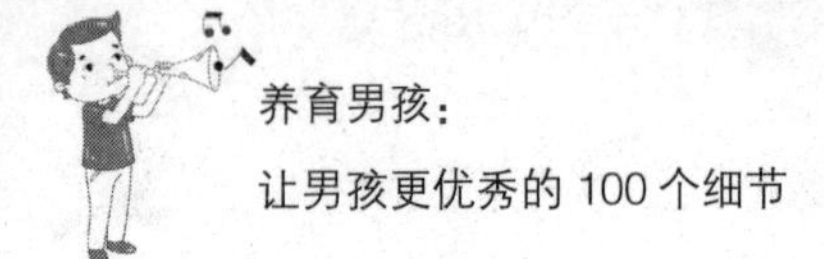

沉稳内敛、戒骄戒躁是我们的祖先们一直提倡的。在今天浮躁的社会，更有着重要的意义。男孩性格稳重，做事才不浮躁，遇到紧急情况才能冷静地面对，妥善地处理。

细节44　忍耐是成功之路的旅行袋

古人说："小不忍则乱大谋，凡成就大业者莫非如此。"就是说人在关键时刻要学会忍耐，否则可能影响整个大局的成功，就会功亏一篑。忍耐别人的挑衅，拒绝眼前的诱惑，宽容别人的失误，"人不知而不愠"……这些都是忍耐的具体表现。

忍耐需要修养，忍辱需要度量，而忍辱负重则是一种境界。人生的路上各种失败挫折无数，别人对自己的嘲笑和羞辱在所难免。如果没有忍耐，一股豪气冲顶，我们可能就会失去成功的机会。当年韩信从无赖的胯下爬过，虽然遭到周围人的嘲笑，但韩信只是平静地起身而去，胯下受辱的经历恰恰表现了韩信的大智若愚和非凡的气度。当一个人的生存都成问题时，更要忍耐并屈辱地站着，等待实力的积累与奋起勃发。

退一步海阔天空，忍耐可以避免一些纠纷，可以使自己有更多的精力做自己想做的事。学会了忍耐，人就会变得谦让有礼，不会对没有必要的事情喋喋不休，也不会为了一时之气丧失理智，还会让人在人际交往中获取珍贵的认可。

战国时期的蔺相如是一位宽宏大度、"肚里能撑船"的"忍者"：当他屡建奇功受赵王重用时，一代名将、声名显赫的廉颇便耿耿于怀，十分嫉妒，三番五次地欺辱他。当二人的车驾相遇时，蔺相如主动避让官职低于自己的廉颇，并谆谆教导属下。正是这种几近极限的忍耐，缓解了僵

局，让廉颇自责，更佩服蔺相如，并亲自上门负荆请罪，上演了一出流传千古的佳话。

“忍”字，从造字法中的会意法来看，忍耐就是“心上的一把刀”，可见一个人真正学会“忍耐”还是需要磨炼的。所以，父母要让孩子懂得：

1. 忍耐是“伺机而动”

猎豹可以掠到食物不仅仅因为它们的速度，还因为它们的敏捷与忍耐。它们知道先要观察自己的猎物然后才能伺机而动。人也是如此，要成就一件事情需观察时机再做出行动。正因为如此，孩子可以从生活中的一些小事上学会忍耐，如做什么事不要太过着急，写作业要真的懂了再动笔，上公共汽车要排队有秩序地上等，生活中很多这样的事情，可以让孩子学会去等待与忍耐。

2.忍耐不是斤斤计较

有人认为，男孩如果和颜悦色、忍让无争就是虚伪或无能的象征，殊不知这样的人才是具有真正大智慧的人。还有一部分人认为，凡事忍耐、承认过错并接受惩罚，甚至去忍辱负重的人，都是十足的懦夫行径。事实上，这种正确的衡量自身条件、勇于面对自己缺点的人不是懦夫，而是智者。父母要教孩子不用在小事上斤斤计较，尤其是男孩更不能因为蝇头小利就与人轻则动口、重则动手，得理不饶人，甚至刀枪相见，这样的男孩即使很聪明，也难以有出息。

3. 忍耐不是逆来顺受

苏轼说：“天下有大勇者，卒然临之而不惊，无故加之而不怒，此其有所挟持者甚大，而其志甚远也。”忍耐不是逆来顺受，甘心屈服于权贵。时间的车轮会载着你的忍耐走得更远，最终走向成功。忍耐可以使人相信，隐痛必将消失，黎明前总是最黑暗的，不经历风雨怎能够见彩虹。忍耐不是消极颓废，是在沉默中坚定自己的信念，在失望中找到希望，在

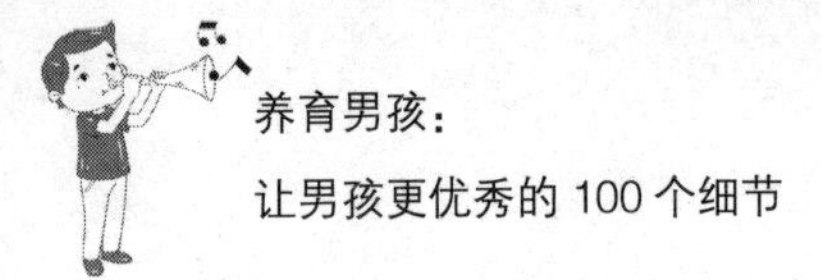

失败后总结失败，在成功时总结成功。

忍耐是意志的磨炼、思想的提高、能量的积蓄和无声的奋斗。男孩想要成大器，就要学会忍耐 ，学会在忍耐中更深刻地感悟人生，在忍耐中锲而不舍地追求。

细节45 培养男孩的同情心和爱心

每一个人的性格品质中很重要的一点就是能做到心中有他人，有一颗爱心和同情心。如何培养孩子的爱心和同情心是我们父母应当特别关注的。饲养动物会让孩子感到温暖和安慰，在一定程度上对其心理健康有积极影响，所以，如果条件允许，可以帮助孩子饲养些小动物。

1.父母首先要注意言教

日常生活中，父母应该不留痕迹地抓住对孩子进行教育的好时机，要教育孩子学会关心、体贴父母，了解父母工作的辛苦和家务的忙碌；要求孩子为父母为家庭做力所能及的小事，如饭前摆好餐具，饭后收拾餐桌，打扫卫生，洗自己的小件衣服，晾晒和收拾衣服，叠被子等。当然，父母们最好做到不啰唆，不要随时都对孩子进行说教，而要抓住适当的时机，不留痕迹地教育孩子，不要让孩子对父母的说教产生意想不到的反感。

2.父母的身教胜于言教

父母告诉了孩子应该怎样做，但如果自己只说不做，孩子肯定也做不好。父母要以自己的言行引导他们应该如何做，给孩子树立良好的榜样，以自身的榜样力量去教育孩子，远远胜过言教。试想，心中有爱、心中有他人的父母，常常带孩子一起去关心和爱护他人，孩子怎么会没有爱心呢？

同情心的培养离不开同情心的支持，只有具有同情心的父母，才能培

养出具有同情心的孩子。父母对身边弱势群体的关爱和同情会直接成为孩子同情心养成的榜样，这种榜样能不断地强化孩子的同情意识，促进孩子道德品质的健康发展。

3.引导孩子注重体验

同情心的形成是离不开具体事件的，只有让孩子在具体的情境中去体验，孩子才能知道什么是同情。同情心绝不是书本上的知识，父母要培养孩子的同情心，就必须认识到身边发生的苦难事件的积极意义，要能让孩子一起体验到苦难的存在，然后再付之以必要的支持。同时，对于孩子表现出的同情心和同情行为父母要给以积极的肯定。

4.饲养小动物对培养孩子的爱心与责任心也有帮助

父母可以帮助孩子在家里饲养动物来培养孩子的责任心与爱心。英国剑桥的研究结果显示，饲养伴侣动物越多，孩子的社交承受能力就越强。相对于孩子来说，小动物更为弱小和需要照顾，懂得照顾小动物的孩子不会以自我为中心，会逐渐习惯于关注和帮助弱势群体，表现出同情心与爱心。

细节46　坚强能使平凡的人做出不平凡的事业

梁启超在清华大学任教时，曾给当时的清华学子作了《论君子》的演讲，他在演讲中引用了《易经》上的“自强不息”“厚德载物”等话语来激励清华学子。此后，清华人便把“自强不息，厚德载物”八个字写进了清华校规，后来逐渐演变成为清华校训。“自强不息”是一个人进步的根本，因为有了这样的精神，人们才不断向自己的认识目标挺进，人类社会才会不断地进步。

研究发现，在日常生活中，性格坚强的孩子很多都是开朗乐观的性

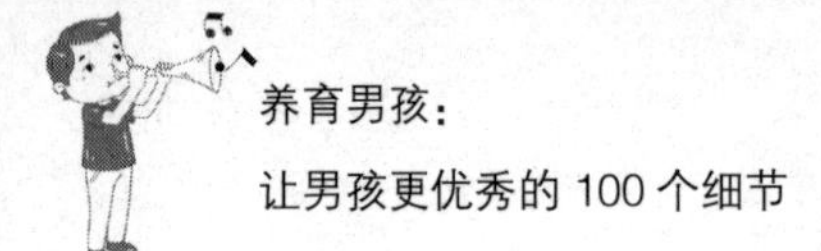

格，这些孩子在玩耍和学习的过程中容易精力集中、投入；在遇到挫折时，他们能比较容易地忘记烦恼，进行自我解脱。例如，搭积木不成功、拍皮球暂时拍不到自己所希望的数目时，他们都能从头再来，乐观地对待。

一些性格比较内向的孩子，有时却表现出“外柔内刚”的特质，这类孩子表面上看比较柔弱，实际上他们内心里有着坚强的意志，有着不达目的绝不罢休的精神。

有些父母认为哭是懦弱的表现，特别是对男孩，认为男孩就应该坚强，正所谓“男儿有泪不轻弹”，孩子一哭，就马上制止或者转移他的注意力。心理学认为，哭能很好地调节人的情绪，不哭并不代表真的坚强。如果强忍情绪，积累到一定程度，很可能会造成孩子的心理问题。

坚强的性格是事业成功不可缺少的条件之一，性格坚强的孩子往往在学习上能坚持刻苦钻研，在生活上表现出较强的独立性。因此，要想孩子在今后事业上取得成功，就要注意培养孩子的坚强性格。

1.为培养坚强的孩子创造环境

易卜生说：“不因幸运而故步自封，不因厄运而一蹶不振。真正的强者，善于从顺境中找到阴影，从逆境中找到光亮，时时校准自己前进的目标。”父母要在生活中关心和尊重自己的孩子，给他们创造一个自由、安全、相对独立的生长环境和学习环境。随着孩子年龄的增长，要让孩子从父母的依赖中走出去。在相对独立的空间里，孩子的性格才会变得更坚强。

2.让孩子学会控制自己的情绪

父母要帮助孩子认识各种情绪并学会处理情绪，教孩子知道如何释放和表达情绪。这样，孩子遇到困难时才会知道怎样对待，会变得坚强。

3. 让孩子学会生活，把握自己

父母的包办是孩子形成性格软弱的重要原因之一。一些父母对孩子百依百顺，不让孩子做任何事情，孩子形成了依赖心理，什么事情都想叫别人去帮助做。这等于剥夺了孩子自我表现的机会，导致了孩子独立生活能力的萎缩，不利于坚强性格的培养。

有人说：“失败是试金石，你是不是金子，就看你在失败面前的表现。”坚强的人就是真金子，

男孩只有变得坚强，才能成为真正的男子汉，才能顶起一方天地，成就不平凡的事业。

细节47　学会感恩，滴水之恩当涌泉相报

感恩是一种健康的心态，在生活中学会说“谢谢”的人，会得到更多人的友好相待；能用行动去回报帮助过自己的人，也会更容易得到他人的帮助与谅解。拥有感恩之心的人才会对父母更孝顺，对爱人更恩爱，对朋友更赤诚，对社会更有责任。一个男孩对生活有一颗感恩之心，他的心态就会是平和的，心情就是愉快的，既使遭遇挫折，也会放平心态，找到机会坚持过去。

1.教育男孩，感恩不能只挂在嘴上

懂得感恩是做人的起码良知，一个不懂得感恩的人，是不会得到别人的尊重和帮助的。但感恩不只是表面上的礼貌，不只是把“谢谢”挂在嘴上而已，而是要实实在在地把我们的感恩之心、感激之意体现在我们的行动当中。例如，在家里，父母累了，帮助父母做些力所能及的家务活；父母身体不舒服了，帮助父母倒水拿药；父母下班回来，接一下父母手中的东西；在学校，帮助老师擦一下课桌和黑板等，这都是感恩的表现。

2.学会感恩，先从感恩父母做起

每个孩子的降临都是母亲怀胎十月的成果，孩子出生后母亲用乳汁

喂养他们，含辛茹苦地将孩子养大，所以最先教会孩子感谢的应该是父母自己。虽然没有哪位父母会要求孩子回报什么，但是一定要教孩子学会感恩，要有一颗对父母和长辈感恩的心，无论贫穷、疾病还是富贵、安康，都永远不会抛弃父母。

电视上的一个公益广告讲述了这样一个故事：一位妈妈细心地为自己的母亲准备了一盆洗脚水，并蹲下身来帮助母亲洗脚，当疲惫一天的她回到屋里时，4岁的儿子摇摇晃晃地端来一盆水，对她说："妈妈，我给您洗脚。"

这个小男孩正是从妈妈的行为当中学会了要感恩父母。

3.男孩学会"感恩"也是自我成长的一部分

知道感恩的男孩，会不断改变自己，不断地激励自己，奋发进取，去获得更大的成功和成就。

一个生活贫困的男孩为了积攒学费，挨家挨户地推销商品。傍晚时，他感到疲惫万分。这时，他敲开一扇门，一位善良的年轻女子给了他一杯热牛奶。许多年后，男孩成了一位著名的外科大夫。某天，一位患病的妇女被转到了那男孩所在的医院。男孩惊喜地发现那位妇女正是多年前帮助过自己的女子，当年正是那杯热奶使他又鼓足了信心。当那位妇女正在为昂贵的手术费发愁时，她惊奇地在手术费单上看到一行字：手术费——一杯牛奶。

处在困境中的男孩，得到了"那位年轻善良女子的一杯牛奶"，深受激励，努力摆脱了困境，并获得了美好的人生，然而，男孩并没有忘记感恩，他用自己的实际行动来回报了曾经帮助过他的那个女子。这便是"滴水之恩当涌泉相报"的真实写照。

父母要让男孩知道，人生的道路上布满了荆棘，当我们遭遇困难时，有人伸来援助的双手，帮助我们重新站了起来；当我们失去信心时，有人为我们送来了鼓励，帮助我们鼓足勇气继续向前。我们应该感激这些给我

们帮助和鼓励的人，是他们给了我们继续前进的勇气，是他们成就了我们的事业和人生。

“滴水之恩当涌泉相报。”对于曾经帮助过自己的人，男孩要有发自内心的感谢，要懂得回报。只要常常怀着一颗感恩的心，男孩就会不断克服前进中的困难，给自己更多的自信、坚定与成功。

细节48 学会宽容，不做“小家子气”的男孩

宽容是一种良好的心态，是做人的一种崇高的境界。有了宽容，亲人间才会更和睦，人际交往也才会更加顺畅。懂得宽容别人的男孩，也会得到别人的尊重与宽容。

1.宽容就是容忍别人和自己

生活中每个人都难免与别人产生摩擦、误会、甚至矛盾，当男孩遇到这样的事情时要做到宽容地对待别人，不要因此而产生嫉妒与仇恨，嫉妒会让我们失去理智，而仇恨也会让我们自己受伤。宽容别人也是宽容自己。很多人都知道要宽容自己，但真正到关键时刻，往往最不能宽容的就是自己。

2.宽容有时是放弃

适当地放弃是一种宽容，人要做到有进有退才会更好地前进，一步到位的情况不多，宽容地放弃所执着的过激行为与言论，就是为自己扫清一条曲折的道路。例如，有时人们为了自己被误会而脸红耳赤地辩解，适当放弃这样的辩解，也是宽容的表现。正如人们听到的：“及时而漂亮的撤退与漂亮的进攻同样重要。”

3.宽容就是忘却

父母要让孩子学会忘却，不要对自己、对他人的问题耿耿于怀。每个

人都会犯错，如果总是执着于其过去的错误，就会形成沉重的思想包袱。例如，孩子如果犯了错，父母要宽容地对待，不要抓住孩子的一次错误，不停地说教，这样只会影响孩子的宽容心怀。青春期的男孩可能会做出一些出格的事情，有的母亲就会在孩子身边不停地唠叨，这不仅产生不了好的效果，反而还会让孩子变得小心眼。当孩子有了苦恼的时候，父母要建议孩子向前看，积极地解决问题后不要反复纠结过去。

4.男孩不能太“小家子气”

男孩天生有一种大男子主义的倾向，有时男孩会很霸道地让所有人都认同自己的观点，甚至强迫别人去遵守自己的规则或接受自己的观点。这也是一种不宽容的态度。如果一个男孩在心态上不宽容，行动上就会变得很“小家子气”，这个男孩就会变得举止拘谨、缩手缩脚，做什么事情都不自然，遇到事情喜欢和别人斤斤计较。如果在物质上表现出这种行为，男孩就会变得对钱物耿耿于怀，甚至变成“葛朗台”，这种守财奴不仅享受不到生活的乐趣，更不会得到社会及他人的认可。

哲人说：“你能宽容别人，天地也会狭小。”比海宽广的是天空，比天空宽广的是男人的胸怀。男孩应该学会宽容，不要斤斤计较，更不要表现出“小家子气”。

第六章

好的习惯，让男孩受益一生

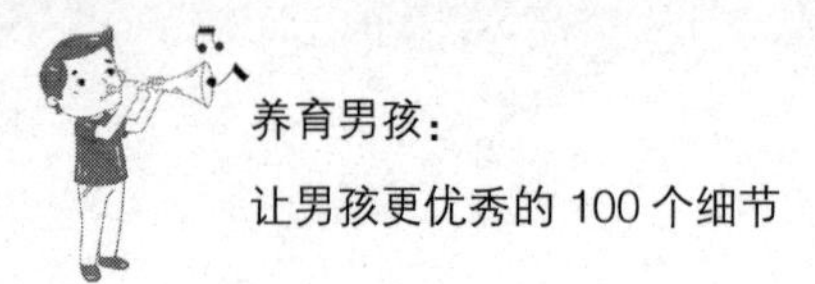

细节49 讲究卫生的男孩更受欢迎

一部电视剧中有这样一句比较经典的台词：“废话，谁会喜欢脏兮兮的女孩啊！”其实，我们要说：“更不会有人喜欢脏兮兮的男孩。”作为父母都有切身体验，孩子的朋友们无论家境、能力如何，孩子干净、利索是受到欢迎的前提之一，如果孩子把每天都拖沓不堪，甚至流着鼻涕的人带回家，父母们都会从心里问：“这孩子的父母怎么收拾孩子的？”“这孩子怎么这样不讲究卫生呢？”“这孩子怎么这样不注意修养呢？”是的，不讲究卫生的男孩，是不会受人欢迎的，甚至会让人敬而远之。

1.穿着打扮不要“不拘小节”

有的孩子性格上不拘小节，心胸大度不为小事所约束，尤其是男孩，有作为男子汉应有的宽容与磊落，这是他们的优点。然而，有一些孩子过于不注重小节，他们穿着打扮也“不拘小节”，浑身上下乱糟糟的，给人一种整天颓废不振的样子。不管是女孩还是男孩，都应该适当注意自己的外在形象。男孩不必要打扮得花里胡哨，但穿着要干净整齐，落落大方。俗语说“人是衣裳马是鞍”，虽然这话不完全有道理，但告诉我们穿着打扮的重要性。

2.周围环境对男孩卫生习惯的影响

孩子卫生习惯的养成，家庭教育尤为重要，父母的卫生习惯更是深深地影响着孩子。我们不难发现，很多医务工作者的孩子都很讲究卫生，而做一些辛苦工作或是工作特别忙，不在细节上照顾孩子的父母，孩子在个人卫生方面就会较差。有的父母自己都没有养成良好的卫生习惯，孩子更是有样学样了。所以，父母自身要注意养成良好的卫生习惯，给孩子立身示范。

3.男孩要从小养成良好的卫生习惯

一个人的许多习惯都是从小养成的。从小养成良好的卫生习惯对于孩子来说很重要，这一习惯将会伴随孩子的一生。例如，父母可以引导孩子每天认真地刷牙、洗脸，整理好个人的房间卫生，平时父母要监督孩子养成勤洗手的习惯；在家里，不要随便共用茶杯、个人卫生用品；打喷嚏时，最好用纸或是手绢挡住嘴，打完喷嚏后要洗手等。这些对孩子养成良好的卫生习惯都有益处。

4.警惕男孩洁癖症

人爱干净是无可厚非的事情，可是当干净产生了病态就不好了。对于过于干净而表现出的病态我们称为洁癖。这属于强迫性神经官能症，是很常见的一种心理疾病。如这样的人做完一件事就觉得手脏了，就要洗很长时间或很多次，否则就感到特别焦虑。他们还不让家人随便乱坐，也不欢迎朋友来访，不仅注意自己还关注周围的其他人，别人碰了什么东西，他就对这些文件和用具特别紧张，不敢接触；和别人握手也很紧张；回到家里也不放松，这样就会严重影响学习、工作和生活。产生这种情况的原因除遗传因素外，主要还是家里父母具有强迫性人格对孩子的影响。父母严格、古板的教育会影响孩子产生此类病症。

从生活小事做起、从生活中的点点滴滴做起，让孩子有一个良好的卫生习惯，成为一个清清爽爽、干干净净的男孩，这样的男孩会更受欢迎。

细节50　有礼貌是男孩精神面貌的象征

礼仪是人类为维系社会正常生活而达成的道德规范，并以风俗、习惯

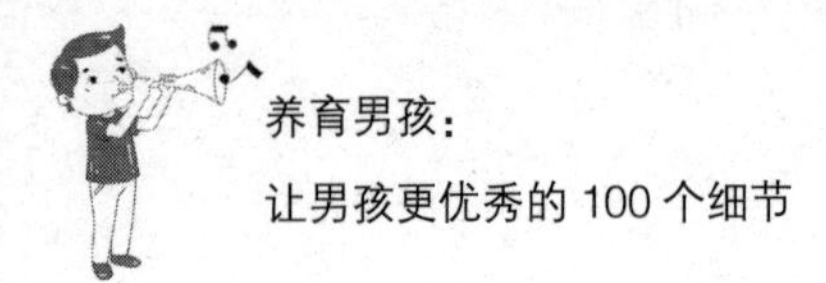

和传统等方式固定下来。对一个人来说，礼仪是一个人的思想道德水平、文化修养的外在表现；对一个社会来说，礼仪是一个国家社会文明程度、道德风尚和生活习惯的反映。重视、开展礼仪教育已成为道德实践的一项重要内容。

1.男孩的行为举止要礼貌

我们常说："坐有坐样，站有站样。"就是告诉人们与人说话时要讲究礼貌，讲究基本姿态。如交谈时双方要互相正视，不能东张西望；站立时要挺胸、收腹、抬头、双肩放松，不要歪着头，也不宜将手插在裤袋里或交叉在胸前；坐着时，男性膝部可分开一些，但不要过大，一般不超过肩宽。走路时要轻而稳，头要抬，两眼平视。古人讲究"坐如钟、行如风"就是要求人们在动与静时达到应有的礼仪。

2.让男孩从小习惯用礼貌用语

很多时候，我们会因为缺少一声"对不起"而大动干戈，因缺少一声"请"而面红耳赤。父母如果从小就让孩子习惯这些文明用语的使用，就会让男孩在今后的成长过程中避免很多争执。在家里，父母让孩子帮忙做事也要说声："谢谢！乖孩子！"在学校，要教育男孩尊重老师，不在校内大声喧哗，乱扔垃圾等。孩子从小学会礼貌用语，长大后自然就会风度翩翩地与他人交际。

3.要对青春期的男孩灌输基本礼仪

青春期的男孩虽然在课业上比较重，但是丝毫不能因此放弃了礼仪的培养。有的父母在孩子学习时，就什么都不让孩子做。家里来了客人、长辈，也不让孩子主动打招呼。孩子逐渐长大，也需要学习一些礼仪的常识。例如，学生要有学生的样子，穿衣服、言谈都应该符合学校的标准；乘坐公交车、进公共图书馆、电影院要讲究秩序，不要大声喧哗，更不要随地扔垃圾、吐痰；与人交谈，要面带微笑，不左顾右盼，不小声议论等。

4.男孩要有“绅士”风度

早在17世纪后期，英国教育家洛克就提出了“绅士教育”。这种绅士风度，就是要男孩彬彬有礼，衣冠得体，谈吐高雅，有爱心，尊老爱幼，尊重女性。让男孩在社会上做一个绅士，会得到更多的尊敬与爱戴。

5.杜绝男孩讲脏话

很多男孩说话时都带些脏话，有的孩子觉得这样很时髦，有的孩子觉得这样才是男人应有的作风。其实，这是一种错误的观念，这只能说明我们没有教养。做父母的，应该让男孩从小就杜绝这样的情况，当孩子还小时千万不能纵容孩子说脏话，可以适当地惩罚，让男孩明白说脏话是不对的。有的父母在孩子骂出脏话时，不以为然，甚至还会认为“孩子很有意思”，有的父亲在孩子面前骂脏话更是不可取的。

孔子说：“不学礼，无以立。”文明礼仪是人与人交流的基础，也是社会秩序稳定的基础。有礼貌，体现了一个男孩积极健康的精神面貌，也体现了男孩较高的个人修养。让男孩讲礼貌，和别人友好相处，同时自己也会在精神上愉悦、心灵上满足。

细节51　阅读的好习惯能点燃男孩的智慧

书籍是智慧不可缺少的伙伴，阅读书籍更是人生成长中的重要学习方式，如果从小培养孩子阅读的好习惯，不但能增长孩子的知识，而且可以开拓孩子的眼界，陶冶孩子的情操。当然，男孩阅读能力的培养首先需要男孩有良好的阅读习惯。

1. 3 ~ 8岁是最佳的培养孩子阅读时间

有人说：“阅读是一种终生教育的好方法。孩子喜欢阅读胜过纯粹

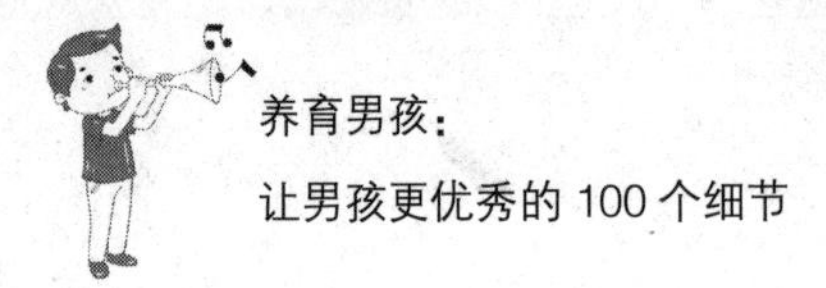

的学校教育，胜过一台计算机，胜过最高级的大学文凭。热爱阅读可以改变孩子的一切，使孩子受益终生。”阅读是男孩早期教育中不可缺少的一项，因为3～8岁是人的阅读能力发展的关键期，在这个时期父母需要让孩子养成阅读习惯，随着年龄的增长，还要掌握自主阅读的能力。

2.孩子的阅读要全面

在当今信息时代，知识的更新频率越来越快，要求人们掌握的知识也越来越多，这就要求孩子的阅读多样化，孩子小时候父母为孩子买书，不应该只局限于儿童故事、童话故事类的书籍，还可以买些科普知识、电脑常识等图文并茂的书籍，培养孩子广泛的阅读兴趣。

3.为孩子创造良好的阅读环境

有的父母表示，家里有很多书籍，可是孩子却不爱看，这让父母感到十分的无奈。殊不知，阅读是需要一定环境的，父母应该适当为孩子创造良好的阅读环境，在家里可以为孩子提供一个阅读的地方，最好有专门的书架或书柜，以便孩子随时翻阅，切忌让孩子边看书边看电视。周末，父母还可以在光线明亮的地方陪孩子一起阅读。只有在良好的家庭环境和教育的统一影响下，孩子才能养成良好的识字阅读习惯。

有条件的父母，应该给孩子摆一个书架，建一个“书房”，让孩子坐拥“书城”。这不仅能够培养孩子的阅读兴趣，增加孩子的知识面，还能使孩子养成良好的阅读习惯，造就孩子健全的人格，成就孩子的未来。

4.培养男孩良好的阅读习惯

指导孩子有计划地读书。面对浩瀚的书海，如果读书没有目的和计划，孩子将会变得无所适从，甚至会使宝贵的阅读时间得不到充分地利用。

培养孩子阅读时勤于思考的习惯。英国诗人柯勒津治曾把读者分为计时的沙漏、海绵、滤豆浆的布袋、开掘宝石的苦工。他告诉人们，阅读时，要取其精华，去其糟粕，要竭尽全力，力求做到“留下宝石”“引向深处”和“把书读薄”。

要记好阅读笔记。孩子有做笔记的能力时，一定要让孩子做笔记。做笔记的过程，就是加深理解、加强记忆的过程，这对孩子知识的积累有很好的作用。

5.青春期的男孩阅读要规范

目前，图书市场上有各种各样的书，有文学名著，有古今小说，有校园文学，也有课外辅导读物等。而且，网络上的电子图书也深受读者们的喜爱。然而，网络上却也充斥着如盗墓、修真、恋情等小说，特别吸引青春期的男孩，这类小说虽然可以看，但最好少看，更不可以迷恋。今天，面对海量阅读信息，能否具有一双识珠慧眼，极大地考验着父母的鉴别能力。父母一定要提醒男孩看一些经典作品，远离一些低俗的称不上是文学的东西，以免误入歧途。

6.有意训练男孩的阅读速度

在现实生活中，有很多父母都很注重让孩子养成阅读的习惯，然而却忽视了对孩子阅读速度的训练，以至于孩子考试时题目都看不完，做事认真却拖拉，毫无效率可言。那么，父母们是否有想过，孩子到底是应该一个字一个字地阅读，还是一行一行地慢慢阅读，是囫囵吞枣式地阅读，还是认真仔细地阅读，是一目十行地阅读，还是跳跃式地阅读？

其实，教会孩子正确的阅读方式对孩子今后的做事效率有很大的关系。如果能让男孩养成一目十行且过目不忘的阅读习惯，这将会让男孩受益一生。

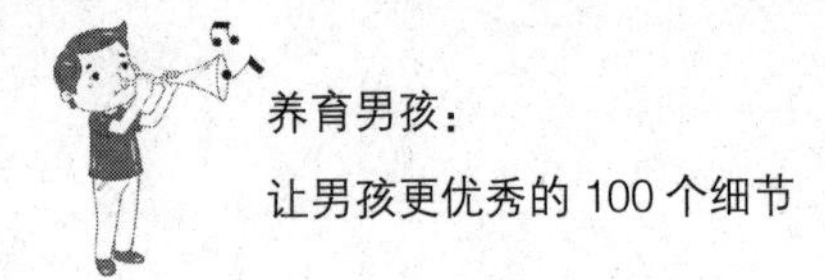

细节52 培养男孩独立思考问题的好习惯

数学家华罗庚说过：“独立思考能力是科学研究和创造发明的一项必备才能。在历史上任何一个较重要的科学上的创造和发明，都是和创造发明者的独立且深入地看问题的方法分不开的。”独立思考是人们思考能力的重要组成部分，父母需要用心培养男孩独立思考的好习惯。

人的学习过程也是学会独立思考问题、解决问题的过程。因为学习重在理解，没有经过独立思考，就很难消化所学的知识，很难真正深入地理清其中的道理，更不会转化为自己头脑里的知识。可以说，培养男孩各方面能力的核心就是独立思考。不善于独立思考的男孩，在能力层次上很难达到较高的水平。

1.孩子会提问是独立思考的开始

孩子两三岁开始就有很多“为什么”，父母要认真对待孩子的“为什么”，因为这是孩子渐渐有了独立思考雏形的表现，正因为他在思考，他思考不明白才会去问。所以，父母要鼓励孩子多提问，多思考。

2.会观察是独立思考的前提

先观察，再思考，这是有道理的。眼睛是大脑的印象仪，它把看到的东西印下来传输到到大脑里，大脑才能针对眼前的事物进行分析，这才是思考。在科学界流传着一句话：“观察，观察，再观察。”可见，观察对于科学家来说是多么重要，只有看出了，才能开始思考。思考时，也不能忘记观察。观察之后再思考，往往会事半功倍。然而，只有把两者结合起来，才能真正地获得宝贵的知识。

孩子困惑地问爸爸：“爸爸，春饼的饼是哪个饼？”爸爸说：“馅饼的饼。”孩子问：“馅饼的饼是哪个饼？”爸爸说：“煎饼的饼。”“那煎饼的饼是哪个饼？”爸爸愤怒地说：“真笨，教你‘举一反三’都不会！”

某个国际幼儿园里举行了增加亲子关系的沙堆游戏，老师给孩子一个漏斗，让孩子把一堆沙子挪到另一边去。一个外国孩子试了一次又一次都没能成功，但通过试验，孩子知道用手把漏口堵上再放开手，就可以装沙子了。另一边的中国妈妈只看孩子试了两次，就说：“来，妈妈教你，这样弄……”

两个故事让我们看到，在教育孩子独立思考问题时父母会犯的失误，一是没有给孩子独立思考的机会，二是没有教会孩子独立思考的方法，似乎孩子的一切都是父母“教”出来的，而不是孩子“想”到的。独立思考的习惯和能力的培养，不是一蹴而就的，父母需要花费精力慢慢地来磨炼男孩。

1.让男孩习惯自己解决问题

父母应该习惯让孩子学会自己解决问题，平时多用心思、借助日常生活的一些细节、琐事及一些游戏，帮孩子把他们的大脑“转动”起来。妈妈在讲故事的过程中可以启发孩子边听、边看、边想；在游戏的时候，如果孩子遇到问题求助于父母，父母要控制好不去帮忙，要鼓励他们自己去解决。孩子在问一些为什么时，尽可能让孩子先去思考，锻炼孩子的独立思考能力。

2.教会男孩多角度思考问题

在生活中，告诉孩子不要总是从一个方面去看待问题。有时孩子想问题容易“钻牛角尖”，此时需要父母帮忙把孩子“拉出来”。

不要让孩子总是在几点几线间穿行，这样他的思维就会很呆板，更别提多方位地、独立思考问题了，所以有机会不妨带着孩子多观察大自然的事物，带孩子多去一些没去过的好吃的、好玩的地方，这种积极地追寻会让孩子跳出固定的圈子，更好地观察社会、多提疑问，独立思考。

许多年轻的爸爸妈妈都想“望子成龙”，很重视对孩子的智力开

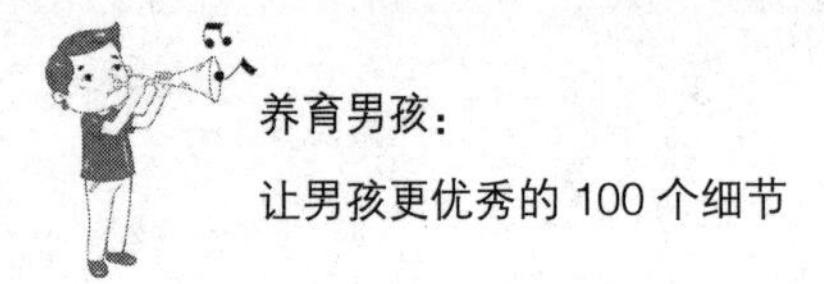

发，但千万别忽视了这种既经济又有效的开发智力的方法：让孩子独立思考。

细节53　运动是男孩排遣情绪的好方法

孩子在成长过程中难免会遇到这样或那样的问题，产生一些情绪是正常的。特别是男孩，因为性格原因，情绪的表现可能更为激烈。帮助男孩排遣他的不良情绪是父母应该重视的问题。排遣不良情绪的方法很多，运动就是其中一种很好的方法。

美国心理学家威勒斯就体育锻炼与情绪的关系进行了调查，凡是每周至少参加三次自己喜爱的体育锻炼（如跑步、游泳、骑自行车等）的人，都会感到精神奕奕，情绪昂扬。

医学研究也表明，锻炼能改善神经系统功能，使其反应灵活迅速、准确协调；锻炼可消除脑细胞的疲劳，提高工作和学习效率。运动具有调节人体紧张情绪的作用，能改善生理和心理状态，恢复体力和精力。由于运动技能的掌握本身就是来自心理、智力或体力的相结合，如果一个人想进入运动状态，就需要在这三方面协调好，人的情绪在运动中就能调动起来，运动后人的情绪通常都比运动前的高一些。

体育运动能有效促进人的智力发展，提高各种感官的能力，增进心理健康，发挥人的整体效应，充分挖掘人的潜能。坚持运动可以激发人的潜能，充分发挥个体的积极性、创造性和主动性，潜能的激发会使男孩更加自信，有自信的男孩才会在各方面表现突出，取得骄人的成绩。

用运动来排遣男孩的情绪时要注意以下几个问题：

1.注意孩子个性与运动的配合

运动技能和个性有密切关系。因为人的个性倾向会制约运动技能的形成和发挥，如果没有活动的需要，任何运动技能都无法形成。所以，男孩小时候，父母要根据孩子的性格特点、爱好去选择运动项目。例如，男孩喜欢篮球，可父亲喜欢足球，父亲就强迫孩子去踢足球，这样的话，就会让孩子对运动产生反感。同样的道理，与男孩性格相反的运动也可以适当弥补孩子性格方面的缺陷。

2.让孩子拥有一项自己爱好的运动

有的男孩小时候可能参加过游泳、乒乓球等运动项目的训练，可是随着课业的加重，学习任务的紧张，这些项目都不得不停下来，使得男孩没有了属于自己的运动。所以，男孩小时候学习什么运动技能或者喜欢什么运动，父母要鼓励孩子一直坚持下去，这样对孩子的身心健康只会有百益无一害。

3.不同的运动排遣不同的情绪

运动有多种多样，情绪也分许多种，不同的运动排遣不同的情绪。据有关专家研究表明：慢跑、瑜伽、游泳可以排遣焦虑情绪。因为焦虑是以反复出现的忧郁不安等为特征的一种情绪状态，还会伴有植物神经功能紊乱的情况，如心慌、出汗、心跳加速等。在这种状态下最好做一些能让身心舒缓、帮助安静的运动项目。

器械运动、登山、快速跑、网球、羽毛球可以帮助男孩排遣愤怒情绪。因为愤怒时做一些消耗性的体育运动，可以宣泄掉负性的能量，愤怒也就消除了。

足球、篮球、排球可以排遣紧张的情绪。若能经常在这种激烈场合中接受考验，遇事就不会过于紧张，更不会惊慌失措。

运动不仅健美男孩的体魄，还可以帮助男孩调节情绪。爱运动的男孩

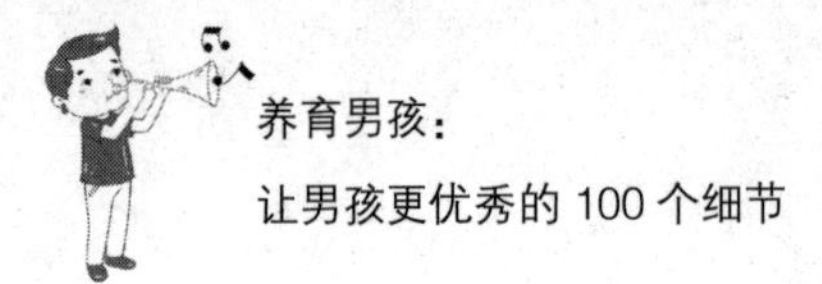

之所以被称为“阳光男孩”，就是因为运动使男孩的身上散发着“阳光的味道”，使他自己及周围人都会感到很愉悦。我们爱运动不仅是把它当成一种兴趣爱好，更应养成一种习惯；只有养成这种好的习惯，我们才能收获更多。

细节54　微笑的男孩让人感觉更亲切

微笑是我们面对生活时的一种态度，与身份地位、物质财富、生活处境没有关系。一个富翁可能整天忧心忡忡，而一个穷人可能心情舒畅；一位残疾人可能坦然乐观，一个健康的人可能愁眉不展……微笑有很多种，如鼓励的微笑、抱歉的微笑、谦虚的微笑、自嘲解围的微笑等，微笑很多时候胜过语言的表达，微笑是“无声胜有声”。

1.生活中微笑的男孩更受欢迎

生活中习惯于微笑的人，会和朋友愉悦地交心，会和邻里友好地交流。与陌生人相见时，可以减少隔阂，增加信任。遇到了尴尬局面，微笑还是帮助人走出困局的好方法。微笑是缓冲时间的灵丹妙药，因为真正的微笑不只是一种习惯，它还源自于人的心灵。那些面部表情亲切、温和的人，让人感觉如沐春风，也会更加受人欢迎。

2.工作中微笑的男孩更有魅力

工作中的男孩懂得微笑会更有魅力，会让领导感觉有信心，会让下属感觉很亲切，会让对手觉得有压力，会赢得顾客的尊重。面露平和欢愉的微笑，说明心情愉快，充实满足，乐观向上，善待人生，这样的男孩才更具吸引别人的魅力。

3.微笑是社交处世的技巧之一

微笑是一种文明的表现，它显示出来的是一个人的涵养和崇高品德。一个微笑，可以让人记住你；一个微笑，可以使别人信任你；一个微笑，可以感化那些一筹莫展的人；一个微笑，就是一种无形的力量。人都是有感情的，即便是你见过一面的陌生人，只要你向他微笑，你换来的就是他对你的微笑。因为，微笑体现出了一种宽容、一种接纳，它会拉近你和对方心理上的距离，你也才能更加容易地走进对方的天地。

享誉世界的《小王子》作者安东尼·圣艾修伯里曾是一名非常优秀的飞行员，他在参加反法西斯战争中不幸被捉。想到第二天就可能被枪毙，他很惶恐，想吸支烟。他向看管他的警卫借火时，他们的眼光接触在了一起。这时安东尼下意识地冲着警卫微笑，就在这一刹那，这抹微笑如同鲜花般打破了他们心灵之间的隔阂，警卫的嘴角也不自觉地现出了笑容。

警卫的眼神中少了一丝冷漠，他开口问："你有小孩吗？"

安东尼手忙脚乱地翻出了全家福照片，警卫也掏出了照片，开始讲述他对家人的期望与计划。两人说着说着，警卫突然打开牢门，悄悄带安东尼从后面的小路逃离监狱，之后便转身走了，不曾留下一句话。

一个微笑居然拯救了一个生命！所以，我们要微笑着面对危险，微笑着面对坎坷的人生。当男孩学会微笑面对全世界的时候，就是把所有困难与疑惑排挡在心灵之外了。现在的男孩子受社会上的影响，越来越爱摆酷，脸上时常挂着一副严肃的表情。那么，要让自家的男孩养成微笑的习惯，父母该做些什么呢?

1.家庭生活勿过于严肃

很多父母下班后经常在家里板着脸孔或长吁短叹，没有丝毫的放松与娱乐，在这样的气氛中孩子怎么会去微笑呢？所以，父母在工作中的压力最好在到家前卸下，多对孩子微笑，让孩子感受微笑和温馨。

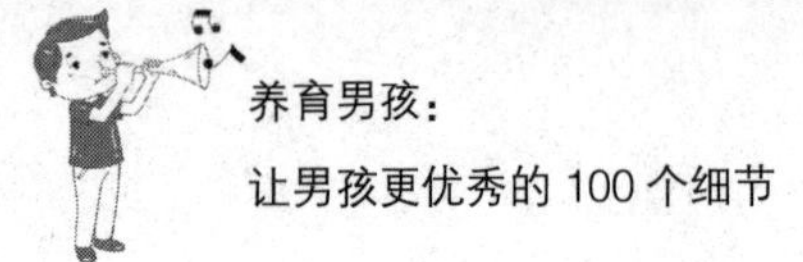

2.让男孩摆脱悲观，学会乐观

有的孩子会因为学习成绩差、失去朋友或父母离异等变得格外的悲观。尽管没有一个人是百分百时刻都快乐的，但是孩子需要的是微笑着面对困难，是乐观地对待身边的困难和不如意。父母可以每周计划一些愉快的活动，如全家一起出去散步、去看电影、去动物园等，还可以帮助孩子多参加一些集体外出活动，不要让孩子总是困在家里。

3.教会孩子正确地微笑

笑容是发自内心的愉悦，大多数男孩都喜欢豪迈地大笑，可有些场合还是需要对自己的笑容有所控制，更多的场合是需要微笑的。如空乘人员在练习微笑时甚至咬着一根筷子来练习，生活中男孩不需要那么严格，可父母还是要教会男孩微笑，让他们看看关于微笑动作的书籍，做一个发自内心而又表现完美的微笑。

“微笑无需成本，却创造出许多价值。”微笑的男孩换回来的是同样的微笑，是众人对他的鼓励、对他的赞扬、对他的宽容以及对他的尊敬。微笑的男孩不会感到孤独，不会感到烦闷，不会感到冷清，反而会感觉更快乐，更受人欢迎。

细节55　幽默的男孩拥有好人缘

谁不喜欢“开心果”似的孩子呢？特别是具有幽默感的孩子。具有幽默感的孩子通常开朗乐观，与人交谈流畅，并在生活中不断地制造欢笑，让周围的人感到轻松愉快又讨别人喜欢，而他自己也会因此富有成就感和自信。具有幽默感的孩子也较容易获得友谊和真心，更会拥有好人缘。

男孩的幽默感通常是用幽默的话来表达想法，用幽默的话来解围，用幽默的话来做自我介绍等，但是所有的一切幽默要高雅才好，低级趣味的幽默或是笑话还是不要讲。幽默的做法有很多，如曲解、对比、双关等方式，都可以达到很好的幽默效果，男孩可以在适当的场合选择适合的方式。

有的男孩会通过讽刺、嘲弄、讥笑、嘲笑等方式来伤害他人，以达到娱乐自己或周围人的目的。这种行为不应该在幽默的男孩身上出现。这种把自己的快乐建立在别人的痛苦之上的做法是一种没有修养的表现。

大诗人歌德正在一个公园的一条狭窄小道上散步。碰巧遇见一个对他怀有敌意的评论家。两人都停了下来，彼此相互对视着。评论家恶意地说道："我是从来不给傻瓜让路的。"歌德接过话说："可我正好和你相反。"说完，歌德退到了一边。

歌德正是用自己的幽默化解了尴尬的局面，更表现出了自己极高的个人修养。

幽默感本身并没有好坏之分，都是起到让人开心、快乐的作用。但是使用人的目的不同，让幽默有了亲和友善与敌对挑衅的区别。父母需要做的就是帮助男孩拥有幽默的基础：去欣赏幽默、去感受幽默，进而使自己变得富有幽默感。

1.让男孩学会欣赏幽默

让男孩学会捕捉幽默很重要，学会欣赏幽默更重要。父母们可以经常给孩子讲一些幽默的故事，买一些幽默题材的书籍或一起观看电视上有幽默感的短剧，让孩子学会欣赏幽默。

2.丰富的知识是幽默的基础

幽默是使人产生一种愉快心理体验的机智巧妙的语言。幽默不是天生的，它是一种后天养成的聪明睿智的表现，是必须建立在成熟阅历和丰富知识的基础上的。父母在日常生活中要帮助孩子拓宽知识面，增加阅历，

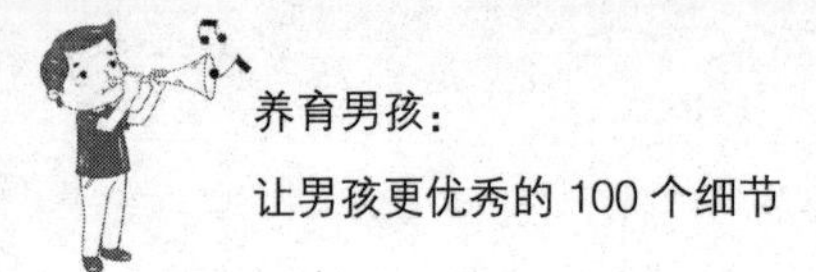

为孩子的幽默而自然的谈吐打好坚实的基础。

3.尊重孩子的个性

父母在希望孩子具有幽默感的同时，不要忽略孩子的个性。有的孩子比较活泼，有的孩子比较内向，他们所表现出的幽默感的形式也会有所不同，有的比较外露，有的比较含蓄。尊重孩子的个性，理解孩子特有的幽默感，不要强制孩子去拥有不适合他的幽默。

幽默又是一种生活态度，男孩具有幽默感更是他融入社会的一种好方式，很多人都喜欢幽默，能做到谈吐幽默的人也会得到更多人的喜欢，并拥有好人缘。

细节56　从青春期开始男孩就要远离香烟

据了解，我国青少年吸烟已成为一个不容忽视的问题。最近，权威部门的调查显示，我国13~15岁的初中学生中有32.5%的男生尝试过吸烟。青春期的男孩正是长身体的时候，吸烟对他们的身体成长的害处是非常大的。一旦男孩在青春期染上吸烟的恶习，想戒掉是很困难的。预防吸烟、特别是预防青少年吸烟是一项极其重要的任务。青春期男孩吸烟有哪些原因呢?

1.周围男性长辈的影响

很多男孩吸烟往往是因为看到男性长辈们吸烟时的“优美”姿态和“潇洒”风度。尤其是有吸烟习惯的父亲们，他们的孩子通常都会尝试着去吸烟。

2.青春期男孩“反抗压力”的表现

青春期的男孩面临着较重的学习压力，有时甚至会出现紧张、焦虑的心理。如果有些父母的教育方式显得较为强势，让男孩们感到异常压抑，他们就会选择父母、老师都制止的“吸烟”来表示反抗，企求在苦闷中得以解脱。

3.周围同学的影响

青春期的男孩们都有着较强的好奇心，他们总喜欢偷偷模仿成年男子的一举一动，他们的倔强劲更让他们显得叛逆。就拿吸烟来说，一方面男孩认为，如果别的男孩吸烟自己不吸烟，就会被认为很没有“男子汉气概”；另一方面别的同学吸烟了，男孩自己也会很好奇这方面的感觉，所以也会跟着同学一起吸烟，然而，这就好比人生的一个深渊，一旦养成习惯，就不容易抽身了。

吸烟有害健康，长期吸烟会导致孩子的注意力和稳定性下降，严重的会导致思维中断和记忆障碍，降低人的智力水平和学习效率；吸烟还会增加父母的经济负担，诱发男孩的其他不良行为，甚至引发犯罪。调查显示，成年烟民中有一大半是在青春期时养成的吸烟习惯，因此父母在男孩青春期时要特别注意别让男孩染上烟瘾。

1.为孩子创造无烟家庭环境

调查显示，父母一方或两人都吸烟的家庭孩子吸烟的超过1/3。父母只有自己不吸烟，才能理直气壮地教育孩子不吸烟。

2.不要让男孩认为吸烟是正常的

父母对孩子做好吸烟危害健康的宣传工作，特别要充分说明吸烟对青少年智力和心肺功能的影响。告诉孩子，吸烟绝不是像他们认为的那样仅仅是一个很简单的行为。另外，父母还应及时对那些不吸烟的孩子的朋友给予表扬，间接地劝解孩子不要吸烟。

3.不要让男孩用吸烟来缓解压力

适当地采取一些办法如户外运动来帮助男孩缓解压力，会很好地抑制男孩的吸烟行为。父母对孩子的心理辅导也要做到位，不要对孩子提出超越实施能力的过高要求。同时，提高孩子对挫折的承受力，意志薄弱者才会在挫折面前一蹶不振，才会借吸烟来麻醉自己。父母可以为孩子准备些橙子口味的口香糖，让孩子在有压力时使用也会起到抑制的效果。

吸烟有害健康，这是香烟包装上都会注明的常识。青春期的男孩应该远离香烟，从而杜绝这种不良习惯的养成，做一个对自己健康、对他人健康都负责的人。

细节57　会换位思考的男孩更成熟

换位思考是在人们长期交往中体会出来的实用的“交往真理”，古今中外都有人曾对此做过解释，如《增广贤文》：“责人之心责己，恕己之心恕人”；卢梭说：“当我们爱别人的时候，我们也希望别人爱我们。”换位思考也可以被理解为宽容、谅解与体贴。成长中的孩子，会遇到许许多多的人际关系的问题，若能够学会换位思考，那么对问题的处理会起到很好的效果。

人的思维最怕固守原地而不从多方位思考，如果一个商人学会换位思考，他会知道顾客需要什么；一个领导者学会换位思考，他会知道怎样处理公司事务才有利于公司的长远发展；一个老师学会换位思考，他会知道什么样的教学方式才是学生们需要的……

一位母亲喜欢带着五六岁的孩子去逛商场，可每次孩子都不喜欢去，母亲奇怪地想：“琳琅满目的商品居然吸引不了小孩？”有一次，在商店里，孩子的鞋带开了，母亲蹲下身帮孩子系鞋带，才发现了问题所在：母亲看到的全是大人们的腿。母亲恍然大悟地抱着孩子走了出去，从此，这位带着孩子逛商店的母亲要么抱着孩子，要么把孩子放在儿童区的玩具附近。

这位母亲在一个偶然的时刻，站到了孩子的角度来看周围的世界，这才发现在商场里孩子其实看不到别的，能看到的只有大人们的腿，所以孩子才觉得没有意思。从此，母亲理解了孩子。

作家于丹说过：“人有两只眼睛，全是平行的，所以应当平等看人；人的两只耳朵是分在两边的，所以不可偏听一面之词；人虽只有一颗心，然而有左右两个心房，所以做事不但要为自己想，也要为别人想。”朴实而经典的话告诉我们，多为别人着想，多换位思考，可以更好地相互沟通。父母与孩子间的换位思考可以亲密彼此的情感；朋友间的换位思考可以增进两者的友谊；夫妻间的换位思考可以让家庭更和谐。

“己所不欲，勿施于人。”健康的人际关系应该建立在利益共享、互相帮助的基础上，而不是一方付出、另一方获得的基础上。了解他人，体恤他人，这是男孩应该具备的能力，这样才能激发孩子对他人的爱、同情和理解。那么，怎样让男孩养成凡遇事换位思考的习惯呢？

1.父母对孩子习惯换位思考

孩子在成长的过程中经常会犯一些错误，父母在批评教育孩子时就要首先站在孩子的角度想想孩子犯错的原因，并理解孩子的错误。父母经常问问自己：“如果我是孩子，我会怎么想？如果我在孩子的位置上，将会有什么样的感受？”这样，父母在做出决定时才能够让孩子信服，才能够取得好的教育效果。

2.学会换位思考，培养孩子的“同理心”

同理心就是理解和感受对方的心理，将心比心，用对方的眼睛来看世界，用对方的心灵来体验世界，与对方进行心理互换。具有同理心的孩子，能将他人的感觉内化为自身的感受，这样的好美德，对于孩子的人际关系与挫折忍受度，都有所助益。具有同理心的男孩，能敏感地察觉到他

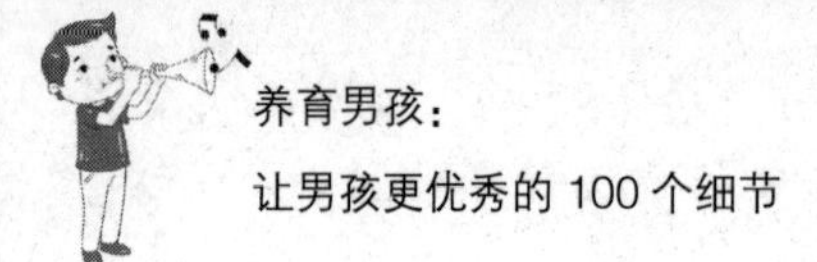

人的情绪，自省能力也比较好，不仅受欢迎、善解人意，对团体纪律的服从性也相对较高，愿意配合及给予。此外，拥有同理心，对孩子未来道德观与价值观的形成与发展，都有所助益。

“你希望别人如何待你，你就应该如何对待别人。”生活中，男孩子要学会换位思考，站在他人的角度，设身处地地去理解他人的处境、想法及困难。学会换位思考的男孩更成熟，因为他们学会了改善和拉近人与人之间的关系。男孩进入到工作岗位，也会在团队中游刃有余，将来领导的团队也会更有凝聚力。

细节58　倾听会为男孩打开成功的另一扇门

有人说：“上帝给我们一张嘴和两只耳朵，就是让我们少说多听。”在日常生活中，学会倾听是一门有效的沟通艺术。

倾听是一种姿态，是一种与人为善、心平气和、谦虚谨慎的姿态。能够倾听别人说话的人会是一个很有吸引力的人，试想一个总是喋喋不休，从不倾听别人说话或是表示出不耐烦的人，怎么会与他人建立良好的关系？社会是人与人组成的，如果不会与人打交道，就难以在社会中生存与立足。那么，如何让男孩学会倾听呢？

1.提醒男孩不要打断别人的说话

有些孩子习惯于打断别人讲话，不给别人述说的机会，这是一种很不好的习惯。父母应该从小就纠正孩子，当孩子随便插话、打断别人讲话时，父母应明确地告诉他这种行为不好，应该等别人说完了以后再发表自己的见解。

2.父母要为孩子做个倾听的榜样

父母要在生活中学会倾听孩子的声音，为孩子做一个善于倾听别人的榜样，这样才会更好地让孩子学会倾听别人。有的孩子一说话，父母就不耐烦地说：“好了，好了，知道了，你去学习吧！别啰唆了！”这样的父母不仅伤害了孩子的感情，还让孩子也养成不良的习惯。

3.正确的倾听要没有主观偏向

教会孩子倾听别人讲话时要没有主观偏向，不要带有明显的情感色彩，这样才会是一个合格的倾听者。倾听过后也要深思熟虑后再发表见解，不要断然判断或做出决定。

美国著名的主持人林克莱特在一期节目上问一位小朋友：“你长大了想当什么呀？”小朋友很喜欢飞机，便天真地回答：“我要当飞机驾驶员！”林克莱特接着说：“如果有一天你的飞机飞到大海的上空时，飞机所有的引擎都熄火了，你会怎么办？”小朋友想了想：“我先通知飞机上所有的人绑好安全带，然后我系上降落伞，先跳下去。”现场的观众听到孩子这样说笑得东倒西歪，林克莱特却没有笑，因为他看到孩子的两行热泪夺眶而出，于是问他：“为什么要这么做？”孩子说：“我要去拿燃料，我还要回来！”

林克莱特能够让孩子把话说完，并且在“现场的观众笑得东倒西歪”时仍保持着倾听者应具备的一分亲切、一分平和、一分耐心。林克莱特之所以能成为一个优秀的主持人，和他认真的倾听习惯是分不开的。

细节59　会做家务的男孩未来更幸福

很多孩子在家中娇生惯养，一些父母把家里的大小事全包了下来，什

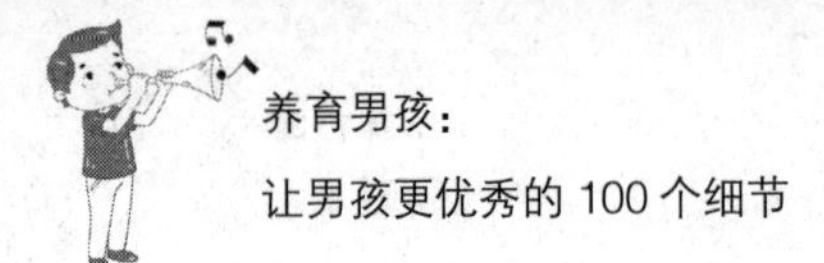

么事都不让孩子做，认为孩子只要学习好就可以了。尤其男孩的父母，总认为男孩不用去做家务，那些是女孩应该做的。有些母亲更是对孩子的生活包办，不想也不愿意教男孩去做家务，甚至不让男孩学会洗自己的袜子和内衣。但是，作为父母应该明白，男孩将来要步入社会，成家立业，做家务不仅可以提高孩子自己的生活自理能力，更是男孩体贴家人的一种表现。以后男孩成了家，家里也会少摩擦，少争吵，家里和睦相处，男孩当然会觉得更幸福。

研究人员做过专门的社会调查，从小习惯做家务的孩子步入社会后，事业成功的比率要比从小没有做过家务的孩子高得多。许多成功人士，他们从小都有做家务的习惯。

美国总统艾森豪威尔的父母从不溺爱孩子，所以在学习之余，艾森豪威尔从小就帮助妈妈做饭、打扫卫生等。妈妈还为孩子们制订了非常严格的家规，以此来培养孩子良好的生活习惯。例如，孩子们早晨6点必须准时起床，晚上9点就必须停止嬉戏，上床睡觉。同时，艾森豪威尔的父母还让孩子们参加各种劳动。他们家的旁边有一块空地，春天的时候，父母带着孩子们在那儿种上很多蔬菜。等到秋天收获的时候，几个孩子就负责把菜运到城里去卖，然后用卖的钱买他们需要的衣服和学习用品等。

正因如此，艾森豪威尔养成了坚强的性格和奋发向上的品格。

男孩对家庭的责任不仅仅是在物质上对家庭的贡献，还有生活中对家庭的关心。可以说，做家务的男孩不仅能够增进与家庭其他成员的关系，还可以体会家庭生活中的点点滴滴的温馨。成家后，会做家务的男性，通常都是懂得替妻子分担的人，这样的人也会更多的得到孩子的尊重、妻子的爱恋，这样的家庭也往往更美满幸福。

家务活多半是一种繁琐的工作，这些工作需要的是男孩的细心与耐心。如洗碗必须细心、耐心地洗；炒菜、洗衣急躁也不行，蛮干、乱干更是不可以。男孩远离了四体不勤、好吃懒做的毛病，自然能提高自己的自理自立能力。

1.让男孩做一些力所能及的家务

安排孩子做家务，要根据孩子的能力，要让孩子力所能及，要让孩子感兴趣。如四五岁的孩子可做一些打扫房间、抹桌椅、吃饭前让他摆放筷子，五六岁的孩子可让他们独立完成一些家务活，如洗碗筷、倒垃圾等。

2.对男孩做家务要及时鼓励

在做家务前，父母应征求孩子的意见，这样孩子会感受到被尊重、信任与鼓励，可以调动孩子的积极性。让孩子选择自己要做的事，并对孩子的进步及时鼓励。很多男孩不会做家务，可能会做得不够好，但父母不要嘲笑、批评孩子，要及时肯定孩子的成绩，鼓励孩子坚持下去。如有些男孩不会洗碗，洗不干净又经常打碎，此时最忌讳的就是父母在孩子面前唠叨孩子失误的行为。

3.教孩子一些做家务的基本技能

为了让孩子将来独立面对生活时不至于无所适从，不知从何下手，父母要对孩子进行必要的训练，不要高估孩子的能力，而应该耐心地教孩子怎么做。

学会了做家务劳动就是储备了做一个好丈夫、好父亲乃至好男人的本钱，所以我们说，学会做家务的男孩未来更幸福。

细节60　男孩要“打天下”，就要学会理财

有出息的男孩不仅要有知识的技能，学会为人处世，更要学会理财。男孩从小学会理财，不仅可以培养男孩的理财能力，使男孩养成健康的消

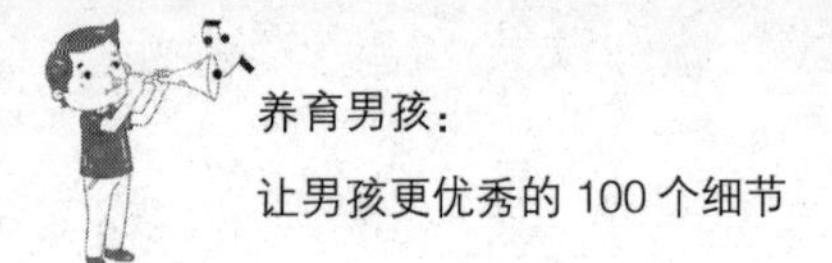

费理念，还能对男孩日后“做大事”积累宝贵的理财经验。然而，很多孩子没有受过理财教育，只知道花钱，严重缺乏正确的消费观念和创造财富的能力。如今，理财教育不应该再是一个空白，尤其是我们致力于提高学生的综合素质，致力于培养适应时代要求的复合型人才，孩子的理财教育就更不能缺失了。“吃不穷，穿不穷，算计不到就受穷。”一句老话指出了“算计”在生活中的重要性。“算计”也就是今天我们所说的“理财”，可见，理财教育对每个人来说都是必不可少的。

1.让男孩了解理财的含义和目的

“理财”这个词具体来说起源于15世纪末到17世纪中叶在欧洲流行的重商主义，尤其是在18世纪的欧洲。随着市场经济的发展，理财这个概念被越来越多的中国人接受，我们平时生活中的商业保险、股票、基金、储蓄都是理财的一个方面。

理财的目的就是教会人们“钱生钱”的方法，学会理财就是让自己有限的资源无限地扩大。这是男孩以后无论是家庭还是事业上都应该掌握的一门学问。如果一个男孩没有理财概念，就意味着他的物质生活将会受到很大的影响。

2.教会男孩规划使用零花钱

对很多得到零花钱的孩子来说，他们往往并不知道什么叫节约，一看见自己中意的东西就买。所以父母平时要帮助孩子规划零花钱，告诉孩子零花钱的主要用途，让孩子对“钱”有个概念。如用来乘公交车，买学习用品，放在储蓄盒里……待孩子长大后，他会逐渐学会使用理财记账本、电脑记账本等。

3.教男孩养成储蓄的习惯

给孩子准备一个存钱罐，让孩子把一些零钱存在罐里，等孩子长大些的时候可以定期和孩子一起整理，然后存到银行，或者作为一段时间的奖励让男孩买他喜欢的东西。

父母在帮助孩子储蓄的过程中，可以带着孩子去银行让孩子填写单子，让孩子切身体会出理财的乐趣与成就感。

4.帮助男孩建立理财目标

理财的最终目标无非是希望能理性消费，提高消费能力，因此父母可与男孩讨论建立储蓄目标，例如购买玩具、脚踏车、溜冰鞋、学习用品等，然后协助孩子从每个月的零用钱当中，规划出一个财务表，透过目标建立孩子的预算观念。

5.帮孩子打理好自己的压岁钱

每到春节，最“富有”的莫过于还在享受压岁钱待遇的孩子们。那么教会孩子怎样管理和使用压岁钱显得尤为关键，因为学会了这些有助于培养孩子的理财观念。父母可以把压岁钱交给孩子掌权，父母在旁协助。父母先把孩子压岁钱的总数和他的预计开销给孩子讲清楚，然后结合家庭环境、收入、开销等，按照每月的开销比例，以周或者月的形式给孩子零花钱。

在现代社会中，理财能力是生存能力的重要组成部分。让男孩学会理财，不仅仅是学会如何用钱的问题，其中包含了多方面的教育内容和多种能力的培养。学会理财，男孩才会在大的事业上更加游刃有余。

细节61　坚持学习的男孩才有出息

从出生落地开始，人类就开始不间断地学习，首先是学习走路和说话，然后学习知识和各种技能……人类始终都在不断地学习，也只有不断地学习，才能不断进步。对于男孩来说，他们将来要承担更多的社会责任，所以更需要学习，坚持不断学习的男孩，才会更有出息。

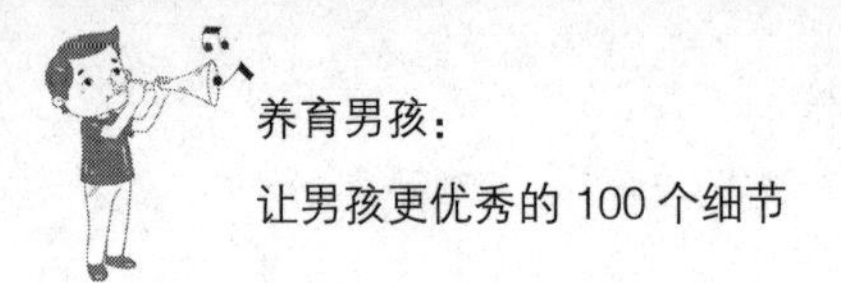

现代社会是一个知识大爆炸的时代，是信息经济时代，知识更新速度很快，很多知识在孩子没有走出校门时可能就已经过时了，这就要求男孩要不断地去学习各类知识，以满足工作中的需要。而这种学习习惯需要男孩从小去养成，否则很难学进去。如果一个人故步自封，仅凭学校学习的那一点知识，很快就会被这个时代抛弃。

1981年诺贝尔化学奖得主日本著名的化学家福井谦一，作为家里的独子，父亲对他寄予厚望。有一次，他的化学测验又不及格。他和爸爸提出自己不想读书了，他觉得自己不是读书的料。可是父亲告诉他："不管你干什么，都必须要读书。不读书，你就没文化，以后什么也干不成。"父亲耐心地开导他说："无论你做什么事，都可能遇到挫折。总是退缩可不行，你必须勇敢地去面对它、克服它，才能真正超越。孩子，你要记住——没有比人更高的山，没有比脚更长的路。"

父亲的一番话打动了福井谦一，他表示自己确实不该现在放弃，而要努力学习。于是他开始制订学习计划，安排好自己的时间，从头开始补起。经过半个学期的努力，他的成绩扶摇直上。后来，他当上了化学课代表，还参加了化学竞赛，直至成为著名的化学家。

有的男孩认为，学习是在学生时代的事情，到了社会，工作了，就不用再学习了。这种想法也是不可取的，无论是在学校，还是在工作中，人们都需要不间断地学习。因此，让男孩认识到"活到老，学到老"的重要性，帮助男孩养成坚持不断学习的好习惯显得尤为重要。

1.爱学习的男孩要先喜欢读书

一些男孩常说："我真不喜欢读书，一看书就想睡觉。"书籍是一种媒介，一个人要得到的大部分知识都在书中，不喜欢读书，就得不到这些知识。所以，要培养男孩从小就养成良好的阅读习惯，通过读书来获得更多的知识。

2.要把学习作为生活的乐趣

学习是一门苦差事，但对于喜欢学习的人来说，学习更是一种乐趣。人须臾不可无书，不学习就有怅然若失之感。到了一定的思想境界，学习就成了一种本能需求。学习虽然是一门苦功，但要以苦为乐，以苦为荣，慢慢成为习惯，就会受益无穷。

3.学习内容多种多样

当下，每一个人都在努力学习，或学习技能、或学习手艺、或学习文化、或学习业务等。做任何事情要想成功，都必须学习，哪怕是别人成功或失败的经验和教训。

坚持学习是男孩获得成功必不可少的。对处于逆境中的人来说，学习是走出逆境的工具；对处境和形势比较优越的人来说，学习是攀登高峰的绳索。只有坚持不断学习的人，才会突破一个又一个不可能。

第七章

掌握解决问题的艺术，男孩更易成功

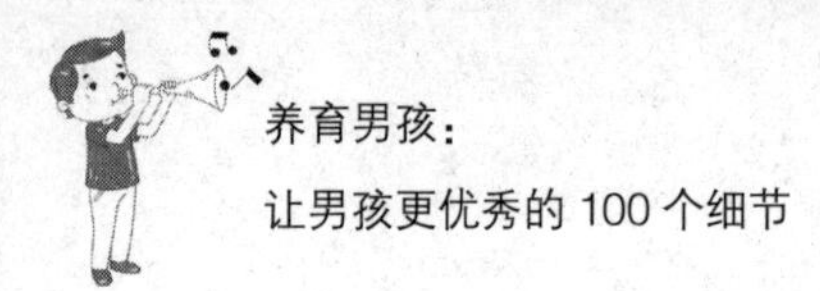

细节62　遇事冷静：男孩处事忌讳的就是冲动

“人失去理智时的冲动，常常会造成长久的悔恨；而长久的悔恨，又常常会使人失去原有的激情。”通常遇事不冷静、容易冲动的男孩，会在一次次的失败面前变得信心不足，从而导致更多的失败。

冲动不仅影响学习、生活，也会影响人的心理品质和身体健康。近年来，因冲动而导致的暴力事件已经成为不可忽视的一大社会问题，家庭暴力、一时兴起导致的打架斗殴和凶杀、吸毒甚至自杀事件等，都是人们对冲动缺乏有效控制的表现。男孩要避免冲动，就要了解冲动的形成原因，掌握控制冲动的方法。

1.冲动是理智的缺口

要控制冲动首先要了解冲动是怎样形成的。有人说：“女人是善变的动物，女人总是很情绪化。”这是因为女人往往不能用理智控制情绪，情绪就会冲出理智的防线，做出不理智的行为。

小林上高一时喜欢上同班的一个女孩，但那个女孩却不喜欢他，小林虽然心里很不是滋味，但是仍然单恋着那个女孩。一个偶然的机会，小林发现这个女孩原来喜欢邻班的一个男孩，他觉得那个男孩不如他，于是内心燃烧的妒火让他失去了理智。他找到那个女孩，告诉她：“你本来是属于我的，我得不到，也不能让别人得到！”说着，拿出事先准备好的硫酸，泼向女孩的脸……

当男孩控制不了自己情绪的时候，情绪就会冲出理智的缺口，导向冲动。冲动所导致的后果往往会令男孩感到后悔莫及，严重的可能会毁掉男孩的前途

和终生的幸福。一般情况下，情绪冲动往往发生在人的要求得不到满足的时候，有些人就会出现做事不假思索、草率鲁莽、不计后果或具有挑衅性等情绪不稳定的行为。这时，如果理智能够战胜情绪，这种状态就会得到改善。

2.遇事冷静才能更好地解决问题

如果人遇事不冷静有冲动的表现，遇到事情后就不可能理智地解决问题，也会错过最佳解决时间。只有遇事冷静，才能在遇到突发状况时更好地发挥能力解决问题。

3.遇事冷静更为人所信赖

男孩以后会步入社会、建立家庭，无论是工作还是家庭，遇事冷静沉稳的人才会更容易被人所信任，从而得到更多的发展机会。尤其有些男孩可能会成为一方领导，领导他人就更需要这种品质。

遇事冷静可以救人救己，还会令我们收获丰富的成果，避免不必要的损失和麻烦。然而，遇事冷静需要人有丰富的阅历、坚强的意志和处事的能力，其中阅历是随着年龄的增长而增加的，父母可以通过生活中的小事情让孩子对事情的处理有个初步的认识，这样有助于他们学习、工作中的处事能力的提高。

1.培养男孩遇事之后要思考

孩子遇到事情后是茫然不知所措还是冷静对待，是在平时生活中一点一点地磨炼出来的。遇到突发事件父母在孩子面前也不可显得茫然无措，尽量放松心情，冷静对待和处理。如果是关于孩子的事，孩子有了一定的理解和分析能力，父母可以和孩子一起分析问题，这不仅表示对孩子的尊重，还锻炼了孩子遇事不慌、冷静处理问题的能力。如孩子可能因为一时冲动对同学或老师做错了事情，那么父母不要逃避责任，冷静下来和孩子一起商量应该怎么办，这种镇定的思考问题习惯，对于孩子的成长是有百益而无一害的。

2.让男孩学会控制自己的情绪

既然冲动是情绪不受理智控制的结果，那么，男孩要避免冲动，就要学会控制情绪。

在古希腊的传说中有一个关于“仇恨袋”的故事，这个仇恨袋有一个特点：如果它挡住了你的去路，你想把它踩扁，然后从它身上跨过去，那么，你就犯了一个错误，因为这个仇恨袋会越踩越大，最后会变得像一座山那么高，你就永远别想通过了。那么，究竟怎样面对仇恨袋你才能通过呢？唯一的办法就是，别去碰它，置之不理，这样仇恨袋自己就会慢慢地变小，直到变得扁扁的，像一张纸片，你就可以轻易地跨过去了。

适当控制自己的情绪，许多问题都是可以很好地解决的。正如这个“仇恨袋”，你不去碰它，它自然就没了。

3.警惕青春期男孩的冲动

青春期男孩，急于成长为独立的个体，很容易做出冲动的行为，甚至由于一时的冲动而犯罪。所以对于青春期的男孩，父母不要过于粗暴地对待他们的过错，多关心孩子的心理健康及生理健康，防止男孩结交品格不良的朋友，以免在他人的唆使下因冲动而做出错误的事情。

如果孩子从小就养成遇事冷静、不冲动的习惯，随着孩子阅历的积累，他就会在成长的道路上更妥善地处理各种突发状况，这会让他们的人生之路越走越顺利。

细节63　洞察能力：敏锐的眼光是男孩观察事态走向的需要

洞察力是一个心理学概念，指通过对事物的观察，人们对个人认知、

情感、行为的动机与相互关系的透彻分析。良好的洞察力是孩子学习、生活、工作中解决问题的基础。培养男孩的洞察力，让其拥有敏锐的眼光是有出息男孩的需要。

很多时候问题的解决，关键在于是否找到了切入点。往往洞察力强的人更容易找到切入点，发现事情的症结所在。男孩从小培养敏锐的洞察力，在学习时就容易找到关键的知识点，参加工作后在处理各种问题时就能找到问题的症结所在，进而更好地解决问题。

两个人同时去海滩作关于鞋子的市场调研，看着海滩上满是光着脚的人，其中一个人感叹地说："哎，这里卖不出去鞋，没有人穿啊！"另一个人却想："这里好啊，这么多的人没有穿鞋，我肯定会卖出很多！"于是这个人设计出一种新的鞋子，非常适合这里的人穿，结果销路非常好。

洞察力会给男孩指明成功的道路，也会让男孩受益良多。当然，良好的洞察力是孩子在成长过程中逐渐被培养的一种能力，从小就培养孩子的这种能力，他才会在以后的人生道路中自觉运用。那么，怎样去培养孩子的这种能力呢？

1.培养孩子的好奇心

美国科学家阿西莫夫说："好奇心是人类精神最崇高的特征之一。"好奇心是推动每个人获得新的认识的主要动机。没有好奇心，人的探究精神就会缺失。好奇是孩子的天性，孩子对事物产生了好奇，才会去观察，才会去思考、分析。孩子对事物的好奇心越强烈，就越具有探索的眼光。

2.让男孩做生活中的有心人

"欲要看究竟，处处细留心。"要想对生活中的事物具有一定的洞察力，必须做生活中的有心人。洞察力不是与生俱来的，也不是深不可测的，更不是某些人的"专利"，它需要后天的培养。培养男孩的洞察力是一个循序渐进的过程，它要求男孩不仅有必要的知识，还需要有相当的经

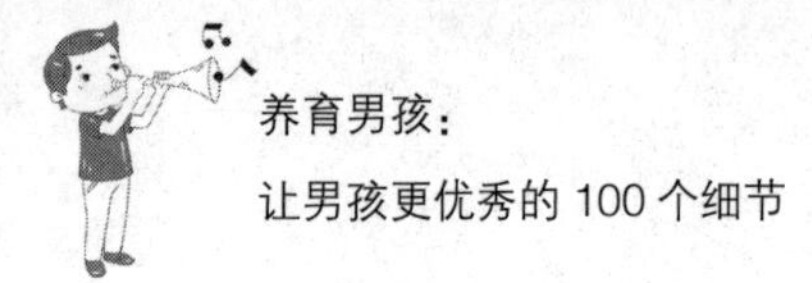

验。我们经常听到一句话“从我做起，从现在做起”，男孩洞察力的培养最好就以现在为起点，做个“有心人”。

没有细心观察，就没有法国科学家法布尔的《昆虫记》，没有细心观察，人类就不能通过蝙蝠发明雷达，通过小鸟的翅膀发明飞机，通过海豚流线型的身体想到提高潜艇速度……

3.教给男孩正确的观察方法

培养孩子的观察能力，最好让孩子的多种感觉器官参加活动：看看、听听、摸摸、闻闻、尝尝、做做、写写，亲自实际操作，以增强观察效果。帮助孩子理性地去分析问题、找到问题的关键点。

洞察力的训练，能够让男孩练成像孙悟空那样的“火眼金睛”，用自己的判断看出事态的走向，避免走错或走弯路。男孩要想成为生活和工作中的强者，就应该全面提高自己各方面的能力，有了较强的洞察力，男孩将会更轻松地处理各种事务，也更容易取得成功。

细节64　非凡的自制力：成功男孩的必备能力

有人说：“自制力就像汽车的刹车，能在关键的时候让你控制住汽车。”在通往成功的道路上男孩要先学会控制好自己，只有这样，才能少犯错，少走弯路。那么，男孩拥有非凡的自制力应该注意哪些问题呢？

1.控制好自己的情绪与行为

现代社会男孩面临着越来越多的诱惑，如果他们缺乏自制力就会慢慢地偏离正轨，这对他们自己未来的发展有着极大的负面影响。男孩应学会控制自己的思想感情和行为举止，以免在公共场合失礼。他们应用自己的理性进行思考后再行动，而这个过程就需要很强的自制力。

三国时期，诸葛亮亲自率军伐魏，魏国大将司马懿认为，蜀军远道来袭缺乏补给，只要拖延时日，一定能抓住良机。诸葛亮深知其义，几次派兵叫阵，企图激怒魏兵出城决战，但司马懿一直按兵不动。诸葛亮又派人给司马懿送来一件女人的衣服，意思是司马懿像女人一样谨小慎微不敢出战。这样的举动虽然激怒了司马懿，但司马懿的自制力很强，他强压怒火，稳住军心，耐心等待。相持了数月，诸葛亮不幸病逝军中，蜀军群龙无首，悄悄退兵，司马懿终于不战而胜。

如果司马懿不能忍耐一时之气，出城应战，那么或许历史将会重写。控制不住自己情绪的人，只会既伤人又伤己；能很好地控制自己情绪的人，往往则会获得意想不到的成功。

2.男孩要从小事做起锻炼自己的自制力

许多微不足道的小事，都可能影响到一个人自制力的形成。如很多男孩早晨不按时起床，晚上写作业拖拖拉拉，生病的时候该忌口的东西却硬要吃等。很多小事如果不注意克制，养成了习惯就难以改掉，以致影响今后的学习、工作和生活。高尔基说过：“哪怕是对自己小小的克制，也会使人变得更加坚强。”因此，父母平时在规划孩子的生活和学习时，不要因为一时的心软而纵容孩子，使孩子失去培养自制力的最佳时间，一旦孩子养成了散漫的性格，父母们将会后悔莫及。

美国著名的心理学家瓦尔特·米歇尔曾经在十几个孩子身上做过一个实验。他给每个孩子发一块糖，然后告诉他们，自己有事要离开一会儿，他希望孩子们都不要吃那块糖。他许诺说：“假如你们能将这块糖留到我办完事情回来，我会再奖励给你们两块糖。”他出去后，孩子们守着那块诱人的糖等啊等，终于有人熬不住，吃了那块糖；接着，又有人吃了糖……两小时后，米歇尔回来了。他履行诺言，奖励了没有吃糖的孩子每人两块糖。米歇尔继续追踪研究，多年以后，发现那些不能克制自己的孩子大多一事无成，而当年那些没有吃糖的孩子，多数创出了一番辉煌的事业。

自制力不但影响孩子们的生活、学习，还会影响到以后的发展。

“天将降大任于斯人也，必先苦其心志、劳其筋骨、饿其体肤”。培养男孩非凡的自制能力要经过一个漫长而艰难的过程，因为自制力是在平时的学习、工作和生活中逐步形成的。如果男孩没有一点儿自制力，就永远不可能取得成功。

细节65 交往能力：男孩走出自我的第一步

人际交往能力是指妥善处理与周围人的关系的能力，一个人的表达能力、融合能力及感受能力等都属于人的交往能力。男孩拥有这些交际能力后，才会更好地融入团队、集体及社会中。卡耐基说：“一个人的成功，15%靠个人才能，85%靠人际合作，因此完美的交际是成功的重要因素。”而与他人交往的前提是，要让男孩走出自我世界，让别人了解自己。那么，父母该如何培养男孩的交际能力呢?

1.帮助男孩克服害羞心理

许多孩子都具有两面性，在家里或者和熟人在一起时，活泼、可爱，能歌善舞，但在外面像变了一个人似的，不爱说话，胆小，这往往源于一种害羞的心理。父母们千万不要轻视孩子的害羞心理，不习惯和陌生人交往，这是孩子交往能力的巨大阻碍。研究表明，约有五分之一的孩子有过分害羞倾向，有的孩子甚至遇到陌生人，说话就会结巴，长期如此，会转化成孩子的一种心理障碍。这时，帮孩子克服害羞心理就显得很重要了。所以，父母要尽量为孩子创造与别人接触的机会。

2.培养男孩良好的表达和理解能力

人际交往离不开良好的表达和理解能力，要将自己内心的思想表现出来，并理解他人所表达的意思，这样才有利于相互之间的沟通。孩子从学说话开始，父母就应该通过小故事、漫画等信息帮助孩子积累词汇，锻炼孩子的语言表达能力；平时与孩子讲话时，也应该尽量放慢语速，让孩子理解父母表达的内容；同时父母要多和孩子沟通，也可就一件事情展开家庭讨论，锻炼孩子的表达与理解能力。

3.父母不要对男孩过度保护

独生子女往往更容易受到家庭成员的“过度保护”，父母总是担心孩子和别人在一起会出现矛盾，担心孩子参加集体活动会出现危险等，把孩子紧紧地护在自己的身边，导致孩子养成我行我素、唯我独尊、封闭孤僻的性格，这会让孩子在与人交往的过程中产生很多问题，从而导致孩子不愿意和别人交往，不愿意与别人分享，这是不利于孩子健康成长的。

4.教会孩子与人交往的基本礼仪

教会孩子真诚地与人交往、懂得尊重别人。现在很多孩子小小年纪就会以貌取人、以财取人等，如果孩子表现出这方面的倾向，父母要及时制止。

让孩子学会主动和同学打招呼，哪怕是一个小小的微笑也好；使用礼貌用语：谢谢、对不起、没关系、再见等；不要随便打断别人的讲话，即使认为对方说得不对，也要让人家说完；在别人说话时应该注意聆听；要讲诚信，做不到的事就不要承诺，一旦承诺就要想办法做到；不要嘲笑别人，更不要在背后说别人的坏话，这些话早晚会传到别人的耳朵里；在交往过程中，不要因为小事而斤斤计较，也不要抓住别人的错误咬住不放。

良好的人际关系是男孩走出自我的第一步，也是男孩日后获得成功的一项必备能力。因此，父母应该有意识地培养男孩的交往能力，让男孩以积极的心态和面貌来迎接一切挑战。

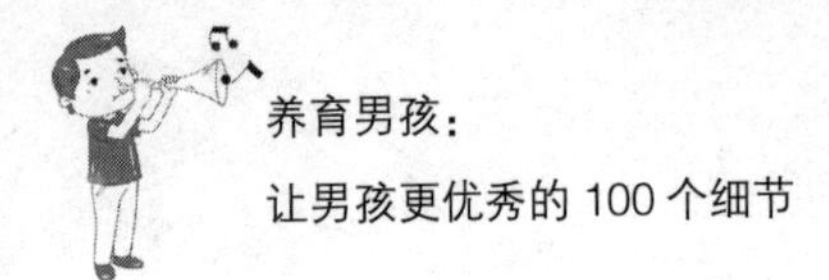

细节66　创新能力：决定男孩解决问题的水平

中华民族是一个充满智慧的民族，但在动手创新能力上却不如知识性的学习，这正是因为以前我们忽视了创新能力的培养。20世纪末，国家提出了“创新是一个民族进步的灵魂，是一个国家兴旺发达的不竭动力。创新的关键在于人才，人才的成长靠教育”。创新能力的培养才被越来越多地重视起来。

古训有“木秀于林，风必摧之”，我国自古的“中庸之道”让孩子从小生活在只求平稳、不敢求异冒险的环境里。拥有这种心理的人很难突破去创新，做“第一个吃螃蟹的人”。当然，我们讲究分数的应试教育模式也在一定程度上抹杀了孩子的创新思维。

一位中国母亲拿着孩子的画问：“你为什么把香蕉画成粉色啊？”孩子说：“我觉得粉色的香蕉更好吃！”

“但是香蕉是黄色不是粉色的，下次记得画黄色的香蕉啊。”妈妈说。

一位国外的母亲看见孩子用粉色笔画了一串香蕉，她高兴地说：“画得太好了！”

有人问这位母亲：“你为什么不纠正你的孩子呢？”

这位母亲说：“为什么要纠正呢？可能有一天他真的会培养出粉色的香蕉呢！”

我们的孩子会问父母：“我做得对不对？”国外的孩子会问父母：“我做得好不好？”这就是我们同国外父母培养孩子的差别所在。

“能正确地提出问题就是迈出了创新的第一步。”很多孩子学习知识不能进行积极的思考，更提不出什么问题，这样的孩子自然不会创新。

那么，父母该怎样去培养孩子的创新能力呢？

1.鼓励孩子大胆想象

创新离不开想象，孩子要靠想象力开启幻想世界。爱因斯坦说过："想象力比知识更重要，因为知识是有限的，而想象力概括着世界上一切进步的东西，并且是知识进步的源泉。"父母应在现实的基础上，尽量发掘孩子的想象潜能，鼓励孩子大胆地想象。

老师问小学生："雪化了以后是什么？"有学生回答："雪化了以后是美丽的春天。"有学生回答："美丽的花朵。"老师说不对："标准答案是水。"

其实，孩子们的回答是非常有创意的，可传统的教学方式不能不让人感叹，孩子们的创新思维就是这样一点一点地被抹杀的。

2.带孩子多接触新鲜事物

创造一个新事物需要凭借想象，但人的想象不是凭空而来的，一定要有丰富的生活实践。看得多，听得多，接触得多，男孩们才能积累丰富的阅历。父母可通过带孩子参加各种活动，丰富孩子的生活，开阔孩子的视野，触发孩子的灵感。

3.克服男孩的从众心理

缺乏创新能力的人最大特点就是喜欢"人云亦云"，没有信心或不敢违背而产生的一种"随大流"的行为。这种从众心理，会阻碍男孩创新能力的发展。例如，在课堂上老师讲解了一种算法，孩子明知道还有一种更简洁的演算方法，可由于大家都没有说话，他也就不敢提出来。久而久之，孩子就会远离创新思维，从而失去原本具有的创新能力。所以，要培养和提高孩子的创新能力，就必须帮助孩子克服阻碍创造性能力发挥的不利因素，特别是从众心理、安于现状的心理。

培养孩子的创新能力任重而道远，父母需要从孩子的实际情况出发，激发他们的创造欲，锻炼他们的创新能力。

细节67　注重细节：男孩需要告别“马大哈”

老子曾说：“天下难事，必作于易；天下大事，必作于细。”思想家荀子在《劝学》中也说：“不积跬步，无以至千里，不积小流，无以成江海。”这些都告诉我们细节的重要性。可见，小事永远是大事的根，每一棵生命之树的荣与衰都可以从它的根上找到答案。所以，注重细节、掌握细节，男孩才能成为一个出色的人。

1.细节决定了男孩的成败

很多男孩的性格本身就有大大咧咧、马大哈的一面，可这样的性格特点会使得他们在学习、工作和生活中不注意细节，也因此遇到了许多麻烦，甚至给自己的发展带来很不利的影响。

1826年，法国化学家巴拉尔研究从海藻中提取碘。他把海藻烧成灰，用热水浸取，再往浸取液中注入氯气，得到紫黑色固体（碘的晶体），同时在提取碘后的母液底部，总沉着一层深褐色液体，具有刺激性臭味，他对这种液体进行了仔细的研究，终于发现一种新元素——溴。此刻，德国化学家李比希为此后悔不已。因为他在几年前也做过与巴拉尔相似的实验，看到过类似的现象。所不同的是，他没有细细地研究，凭空断定这褐色液体不过是氯化碘。因此，他贴上一张“氯化碘”的标签便了事，从而失去了发现这一新元素的机会。

当有人要求20世纪世界四位最伟大的建筑师之一的密斯·凡·德罗用一句最概括的话来描述他成功的原因时，他只说了五个字：魔鬼在细节。他认为不管建筑设计方案如何恢弘大气，如果对细节的把握不到位，就不能称为一件好作品，因为细节的疏忽会毁坏一个宏伟的规划。

2.注意细节，让男孩从身边小事做起

美国著名的成功学教育家卡耐基曾经说：“一个人的成功，往往是从小事做起，注重细节的人更容易成功。”对于成长中的男孩来说，成长过程都是由点点滴滴的小事构成的。男孩注意做好身边的小事，才能成就整个人生的大事。

孩子身边的小事很多：收拾好自己的物品和房间，注意身体和衣物的整洁，帮助父母做力所能及的事，尊老爱幼，遇到老师问好，热情招待客人，和同学之间要谦让，遵守交通规则，讲究卫生，不乱扔果皮，爱护公共财物，不乱写乱画，自己独立完成作业等，不注意做好这些小事，没有对这些身边小事的积累，没有好的习惯和好的品质，也就不可能做好将来人生的大事。

20世纪60年代，苏联宇航员加加林成为世界上第一位进入太空的宇航员。他在二十多名宇航员中能够脱颖而出是因为这样一个细节：在平时的训练中，进入飞船前，只有加加林一个人脱下鞋子穿袜子进入座舱，其他宇航员都没有这样做。就是这个细节让领导认为这个27岁的青年如此懂得规矩，又如此珍爱他为之倾注心血的飞船，于是决定让加加林执行人类首次太空飞行的神圣使命。

3.告别“马大哈”，让成功的人生离男孩更近

“马大哈”看起来是很多男孩的一个特别常见的性格特征，但是却反映着这些男孩的学习和生活习惯，这种习惯不改变，就会影响男孩的人生。

因为一名工作人员的马虎，将航天飞机上的一个程序的小数点点错了位置，结果造成飞机失事爆炸，价值12亿美元的航天飞机，顷刻化为乌有，7名精英机组人员全部遇难。

“马大哈”是万万要不得的。对于有马大哈习惯的男孩，父母应该从多个方面合理引导，让孩子跟“马大哈”说“再见”。例如，在平时的生活中培养男孩独立自主，小时候就让男孩自己起床、自己整理房间等，养成细致认真地对待身边一切事物的习惯。

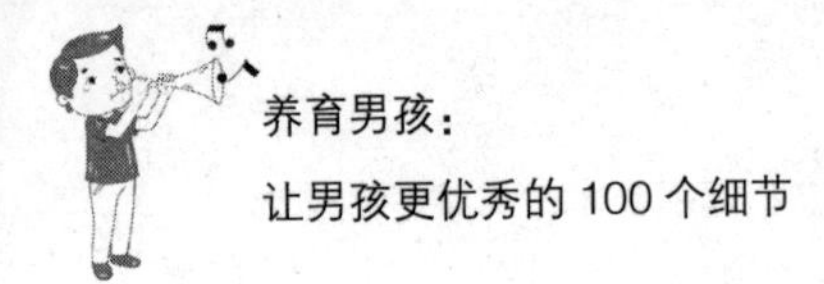

在如今这个“道德看小节，行为看细节，细节决定成败”的时代，只有告别马大哈，克服大大咧咧、马马虎虎、丢三落四的毛病，才能使孩子不错过人生中的每一次可以改变命运的契机，才能让成功的人生离男孩更近。

细节68 做事有计划：凡事预则立，不预则废

做事有计划，心中有数，不仅是一种做事的习惯，更是一个人能力的体现。当面对一项任务时，有完善的计划，就不会陷入忙乱之中；如果没有计划，就会顾此失彼，手忙脚乱，因有所遗漏而导致任务的失败。

1.让孩子养成做事制订计划的习惯

让孩子学会做事有计划，就要让孩子学会对自己要做的事情有具体的时间安排。培养孩子有计划性做事的习惯，父母自己首先要养成做事有计划、有条理的好习惯。这种潜移默化的影响，对培养孩子做事有计划有着重要的影响。然而，做事条理分明的习惯并不是一朝一夕就能养成的，父母不能心急，要注重在日常生活中慢慢培养孩子做事有计划的好习惯。

开始时，父母可以先把自己制订的计划详细地告诉孩子，让孩子明白为什么要制订计划及制订计划的好处。在制订有关孩子的事情的计划时要与孩子商量或征求他的意见，久而久之，孩子也就会学着大人的样子自己制订学习计划或其他计划。

2.监督孩子按照计划做事

做计划是容易的，但执行计划是比较难的。当孩子的计划制订出来后，父母不要就此不管了，一定要经常监督孩子落实计划的情况，以帮助孩子增强时间观念和责任感。

当计划实施到一定阶段时，父母可以和孩子一起对这一阶段计划的执行

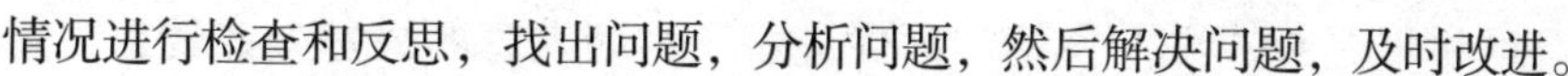

情况进行检查和反思，找出问题，分析问题，然后解决问题，及时改进。

在孩子有计划地做事并完成得很好的时候，父母应给予鼓励，并让孩子意识到计划与效果密切相关。

有一个男孩对他的爸爸说：“爸，我周末想去游乐场。”他的爸爸没有直接说“行”或“不行”，而是问孩子：“你计划好了吗？你想跟谁一起去？去什么地方？怎么去？”孩子说：“我还没有计划好。”爸爸笑着对男孩说：“没想好的事就不要说，如果你要去，就要计划好。”男孩点了点头，便开始计划去游乐场的事。就这样，在父亲的引导下，这个男孩计划事情和处理问题的能力有了明显的提高。

《礼记·中庸》有这么一句话：“凡事预则立，不预则废。”意思是说，不论做什么事，事先有准备，才能更好地解决问题，从而获得成功。男孩在学习、工作中的预先计划会让他在行动中从容自在，而不会“忙中出错”。

细节69　动手能力：男孩不做眼高手低的“低能儿”

杨振宁博士说：“中国留学生学习成绩往往比一起学习的美国学生好得多，然而十年以后，科研成果却比人家少，原因就在于美国学生思维活跃，动手能力和创造精神强。”科学研究表明，在大脑中支配手部动作的神经细胞有20万个，而支配躯干的却只有5万个，可见，手部的灵活程度对大脑的发育有着重要的影响。

俗话说“心灵手巧”“十指连心”，这说明了手和脑有非常密切的关系。而一些科学实验也证明，培养孩子的动手能力，有助于提高孩子的综合素质。一个人智力水平的高低，创造能力的强弱，很多时候都取决于

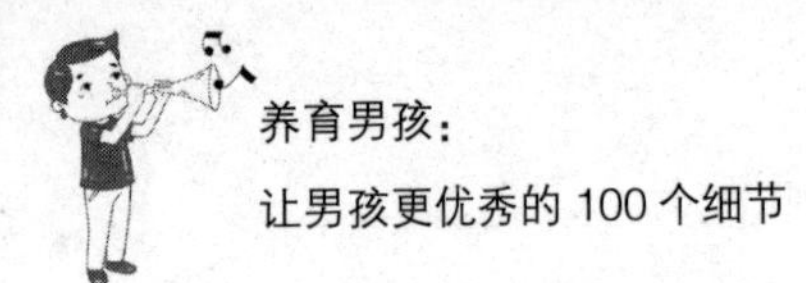

其大脑的机能是否成熟与发达，而促进孩子大脑发育的最好方式就是多动手。当孩子双手活动时，手指上的神经细胞会随时将其动作的信息传到大脑，因而加强手的活动是开发孩子大脑潜在机能的重要环节。

其实，面对问题时动脑和动手同样重要，动脑能够找到解决问题的方法，而问题的最终解决还是需要真正动手。如果缺乏动手能力，即使能够想到再好的方法，也只能是纸上谈兵，只有常动手的人才能够拥有最终解决问题的能力。

那么，如何防止男孩做一个眼高手低的“低能儿”呢？

1.培养男孩独立做事的能力

孩子缺乏动手意识，很大程度上是因为父母的教育方法有问题，许多父母认为孩子太小，就对孩子加倍照顾，替孩子穿衣服、给孩子背书包等，使孩子对父母产生极强的依赖感。其实，父母应该让孩子知道，自己长大了，已经具备了完成一定活动的能力，生活、学习不能完全依靠父母和老师，自己的事情一定要自己做，遇到问题和困难首先要自己想办法解决，这样，男孩才能逐渐独立起来，并成长为真正的男子汉。

2.培养男孩的生活自理能力

在日常生活中，孩子能够做的事情，父母一定要让他自己做，例如，要让孩子学会自己铺床叠被，学会洗简单的衣物，帮助父母做饭等。父母们千万不要认为这些会耽误孩子的学习，恰恰相反，这些会丰富孩子的生活，缓解学习所带来的压力，还能提高孩子的生活自理能力。

3.鼓励男孩多参加一些动手活动

除了生活和学习中的一些小活动之外，父母还应要求孩子参加一些力所能及的劳动，学习一些简单的劳动技能；让孩子动手做一些小制作，搞一些小发明、小创造等。

动手的过程实际上也是动脑的过程。男孩的动手能力和大脑的发育有着密切的关系，“手巧”的人才能“心灵”，父母不能忽视培养男孩的动手能力，更不能让男孩做眼高手低的“低能儿”。

细节70 理性思考：男孩解决问题的保障

“理智是天神赋予凡人最有价值的财宝。”人类之所以可以适应自然，又能改变自然，就是因为在面对问题时更多的是依靠理性的思考来解决问题。

男孩的一生中，会遇到无数的问题需要他们去面对和解决，一个能够进行理性思考的男孩子，不仅学业方面十分优异，成长中会少走很多弯路，还能在以后的人生道路上做出更明智的选择和取得更大的成绩。

理智是失意后的坦然，是平淡的自信；理智是挫折后的不屈，是困苦中的从容。选择了理智，才能拥有智慧，才会拥有永不迷途的远航；选择了理智，才能拥有坚强和自信。

一个小男孩在河边看一个老人钓鱼。老人钓鱼的技巧很好，没多久就钓上了满篓的鱼。老人很喜欢这个小孩，就要把鱼送给他，可小孩摇摇头说：“我想要你手中的钓竿。”老人问：“你要钓竿做什么？”小孩说：“这篓鱼没多久就吃完了，你把那个钓竿送给我，我就可以自己钓了，这样一辈子也吃不完。”

这是一个能够理性思考的孩子。孩子在成长过程中需要不断地提高理性思考的能力，才能理性地解决生活、工作中的各种问题。

1.教育男孩做事不能急躁

一些男孩遇到事情往往比较急躁，容易冲动，这是圆满处理问题的大忌。父母一定要教育孩子遇事不能急躁，要冷静、沉着，只有这样才能够看得更远、看得更清楚；此外，还要教育孩子不能过于随性而动，要多动脑去思考，否则造成的后果也许就是灾难；要对孩子的急躁、冒进进行告诫，让孩子真正认识到急躁所带来的危害。

2.注重男孩分析、综合能力的培养

孩子要对事物进行理性思考，就必须具备分析问题、综合解决问题的能力，这些是男孩做到理性思考的基础。例如，当孩子遇到某件事情的时候，父母可以帮助孩子分析问题、查找其中的前因和可能的后果，同时在这个过程中要教会孩子关注事情之间的联系，不要仅仅就事论事。这种分析、综合能力是需要在生活实践中不断磨炼而获得的。

当然，遇到问题时理性思考的关键是克制自己情绪化，不让情绪影响自己；按着事物的规律去想问题和处理问题。父母不要让孩子变成毛躁的男孩，因为理性且沉稳的男孩更易获得成功；而冲动易急躁的男孩则只会“成事不足，败事有余”。

细节71　团队意识：懂得合作的男孩更能展现个人的才华

团队，是一个人生存的必要环境。每个人在社会上生存，都离不开各式各样的团队，几个玩伴、幼儿园、班级、学校、单位等，团队构成了男孩生活不可缺少的一部分。每一个生活在社会舞台中的人，都必须扮演着团队中的某个角色，每个人与团队又总是紧密联系在一起的，缺乏团队精神的支持，个人的发展不可能成功，个人的目标也难以实现。随着社会的不断进步，团队意识越来越被人们重视，并已经成为个人发展过程中必须具备的素质。

1.个人的发展离不开团队

古人云："人心齐，泰山移。"我们也常说："团结就是力量，二人齐心，其利断金；同心之言，其臭如兰。"一个人的力量好像小溪能泛起美丽的浪花，它却颠覆不了我们儿时纸叠的小船；海纳百川而不厌细流，才能惊涛拍岸，卷起千堆雪。这些都告诉我们团队力量的强大。

一滴水只有融入大海，它才不会干涸；个人只有融入集体，才有成功的希望。集体是个人生存的依靠，是个人成长的园地，个人的生活、学习和工作都离不开集体。集体的团结能给每个成员以鼓舞和信心，使个人的能力得到充分的发挥；集体的团结可以把个人的长处集中起来，形成一股强大的合力。这种力量不是简单的个人力量的相加，而是一种聚变和升华。依靠这种力量，能够完成个人无法完成的任务，战胜个人无法克服的困难。

2.培养男孩的合作意识

如今的孩子都是家里的宝贝，几乎家中的所有人都会围着一个孩子转，长此以往，会使男孩形成唯我独尊的性格。当孩子走向社会时会不由自主地延续自己"老大"的地位和心理，不习惯和别人配合行动，没有与人合作的意识，结果往往会导致孩子屡遭挫折。这就要求父母从小就要培养男孩的合作意识，不要让男孩在父母的呵护和溺爱下变得一切以自我为中心，要让男孩意识到个人能力的有限性和自己的不足，学会看到他人的长处，养成懂得与他人合作的习惯，分享合作带来的成功和快乐。

未来社会是一个合作与竞争并存的社会，学会交往、学会合作是时代赋予每一个人的基本要求。只有能与人合作的人，才能获得生存的空间；只有善于合作的人，才能赢得更大的发展空间。

3.让男孩学会在团队中展现个人的才华

团队精神并不是在集体主义的旗号下泯灭个性、扼杀独立思考，不要

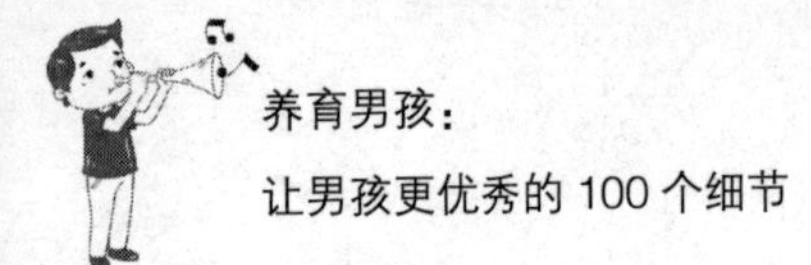

个人的能力。相反，一个好的团队，会鼓励和正确引导团队中每一个成员个人能力的发挥。因为团队力量的大小决定于团队中每个成员的力量的大小。正如木桶理论所表述的那样：一只木桶能装多少水，取决于最短的那块木板。在一个团队中，最终决定一个人成就大小的还是个人在其中发挥的作用，如果一个人仅仅是“随大流”，那么尽管也能够跟随集体取得成功，获得荣誉，但对于个人来说，含金量就比较低；而如果一个充分发挥自己的才华，在集体中大放光彩的话，就将成为个人飞跃的翅膀。

父母不仅要教育男孩学会融入集体，与别人合作，还要教育男孩“该出手时就出手”，要勇于展现自己的才华，不要仅仅满足于充当一枚“螺丝钉”，要让团队中的人认识自己的才能、了解自己的智慧，佩服自己的能力，要在团队中脱颖而出，这样男孩才能在团队中起到应有的作用，也才能成就男孩美好的人生。

第八章

好的引导可以帮助男孩少入误区

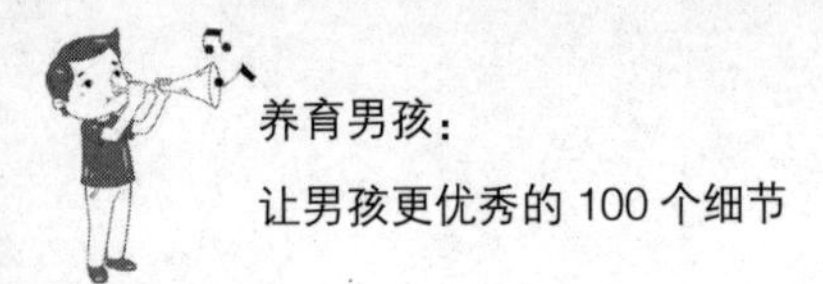

细节72 叛逆的男孩不一定就是“坏孩子”

作为父母，对孩子的叛逆期有些了解还是很必要的。研究表明，在孩子成人之前，有三个比较明显的反叛期，叛逆心理和叛逆行为不一定出现在青春期，年龄较小的孩子也有叛逆心理。叛逆期主要分为三个阶段：第一个阶段出现在3岁左右，第二、第三个阶段分别在10岁和13岁发生，被界定为“准大人期”和“青春反叛期”。

大部分父母都有过这种经历，自家的男孩变得越来越不听话了，几乎变成了非常叛逆的“坏孩子”。其实，这种认识基本上是有失偏颇的。

1.叛逆是孩子成长过程中的必经之路

孩子在成长过程中会经历很多个成长阶段，十几岁的孩子身体逐渐发育，自己的思想认识也在逐渐形成。他们在思想上认为自己长大了，迫切地想得到认可、关注，或者来自于不同方面的肯定。他们开始思考人生：我为什么来到这个世界？社会为什么会这样？我生存的价值是什么……在不断地思考中，找寻着自己的答案，怀疑一切，否定一切，在这种怀疑与否定中，他们在不断地成长。这是一个很自然的成长过程，而这个过程往往被我们简单地称为“叛逆”。

在这个阶段，他们也会否定父母，尽管作为他的父母说的话和别人一样，但他未必会听。这就是青少年成长道路上的必然经历，是一种比较常见的状态，父母们没有必要过于大惊小怪，但也不可听之任之。因为引导不好，孩子的逆反行为还是会给家庭、学校带来一系列问题，甚至导致这些男孩出现多疑、偏执、冷漠、不合群等病态性格；若他们的叛逆心理进一步发展，还可能向病态心理或犯罪心理转化。

2.叛逆多是父母教育方式不当导致

孩子不正常叛逆心理的出现，很大程度上是由于父母的思想、方法有问题。

首先，很多父母受到传统思想影响，认为孩子就应该服从，给孩子一种盛气凌人、态度生硬的感觉，这样孩子自然不会与父母有所交流，也就会出现所谓的“叛逆”。

其次，有些父母的教育方式不正确，方法简单粗暴，无视孩子的自尊心和心理承受能力，使孩子产生叛逆心理。

最后，随着孩子年龄的增长，男孩们要求有自己的空间，但父母们仍然按照自己的习惯和方式对孩子加以管理和控制，双方的思想缺乏沟通，久而久之便产生矛盾。

小鹏曾是令父母生气到极点的叛逆男孩。他在学校里和老师对着干，上课破坏纪律，下课和同学打架，甚至泡网吧彻夜不归。无论父母怎么管教、打骂，都无济于事。

有一天小鹏又夜不归宿，父母早上在家等他回来，狠狠地打了小鹏一顿。结果小鹏非但没有求饶，反而要离家出走。母亲愤怒地说道：“把我买的衣服都脱下来，你走！”其实，母亲只是想让他就此留下来，外边的天气非常寒冷，母亲也认为他不会脱衣服的。结果，小鹏却出人意料地脱掉了所有的衣服，只穿一条短裤就头也不回地走了！看到这一幕，做父母的心都凉了。

后来，小鹏被亲戚拉回了家。父母也意识到了自己的教育方法有问题，并改变了方式方法。慢慢地，父母也就不再处处看儿子不顺眼了，甚至发现了孩子身上的许多优点。

当面对孩子的叛逆行为时，许多父母会对此十分恼火，会对孩子严厉

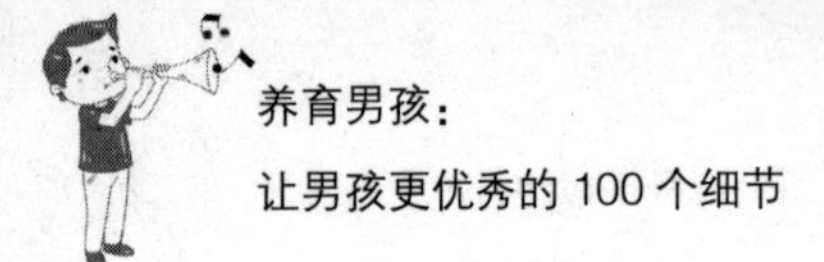

地批评甚至打骂，但往往事与愿违，这样的举动只会带来孩子更为严重的叛逆行为，那么，父母到底要怎么对待孩子的叛逆行为呢？

1.理解孩子正常的叛逆时期

父母首先要在观念上理解孩子的叛逆行为，不要认为叛逆的男孩就不是好孩子。孩子本身也具有强烈的自尊心，他们最讨厌父母的讽刺、挖苦。如果父母们采用讽刺、挖苦、批评、责骂来管教，就会挫伤孩子的自尊心，加重孩子的逆反心理。所以，父母要理解孩子，要对孩子不合理的反抗行为进行合理地引导，不能采取简单粗暴的态度和方式。父母要承认孩子的这个成长过程，直面孩子在这一时期的行为，给予积极的引导和帮助，为他提供一些解决问题的方法，推荐一些能够有助于他思考的书籍，鼓励他多和同龄人接触等，帮助他解决所遇到的问题，而不只是简单地把他定性为：孩子处于叛逆期，谁的话也不听。

2.走近“叛逆”孩子的内心世界

叛逆只是孩子行为的表象，父母要看到其背后隐藏着的原因，要了解到孩子不听话的深层次心理因素，从而有针对性地采取措施。

孩子在叛逆期，父母不仅要关心他们的衣食住行，更要深入细致地观察他们的内心世界，经常与他们交流，也要尊重他们独立自主的渴望，多以平等、友好的态度与他们谈心；给孩子足够的自由空间，保护好他们的隐私，父母们坚决不要侵犯；要善于从孩子平常的言行了解他们内心的秘密，有的放矢地做好心理疏导工作。父母要以情动情，改变孩子对事物的认识和对抗社会、他人的心理。当孩子有了一些变化时，父母要抓住时机，适当、适度地给予肯定和鼓励。孩子在享受成功的乐趣时，他就会树立信心，改变心情，也会乐于接受父母提出的要求。

叛逆的孩子大多有独立的思维，这也是孩子学会真正独立的开始。父母要把握好孩子的叛逆期，把孩子引上一条健康快乐的成长之路，千万别让孩子这种正常的心理变化成为扼杀孩子幸福的毒瘤。

细节73 父母要理智对待男孩从家里"拿"钱

许多父母对孩子的所谓"偷窃"行为都非常敏感，但其实，每个孩子都曾经有过拿别人东西的经历。从孩子的角度来看，"拿"家里的钱与社会上所谓的"偷窃"有着本质的不同，他们甚至没有意识到这一行为有任何问题。然而，大人们却对孩子的这种行为感到非常紧张，生怕孩子"小时偷针，大了偷金"，以致走上犯罪的不归之路，却又无可奈何，不知如何跟孩子沟通，让孩子改掉这一习惯。

1.很多男孩都有从家里"拿"钱的经历

很多孩子都曾有过偷拿父母钱的行为，其实我们的父母也承认，我们小时候也有过偷拿父母钱的经历。可见，这种行为与"学坏""犯罪"并无必然的联系，偷拿家里钱的这种行为与偷拿非亲友关系的钱性质是不同的，这并不是实质意义上的"偷窃"。父母们不用大惊小怪，但是也绝不能不重视，更不要简单地把这种行为和盗窃心理联系在一起。

2."拿"钱多是粗暴拒绝造成的

在现代社会中，孩子面对的世界更加五彩缤纷，玩游戏、买零食、买文具、买玩具、买书、给同学送礼物等都成了现代孩子主要的生活、社交行为，当这些需要不能从父母那里得到满足时，孩子就只好想办法"偷"了。如果这种行为成为一种习惯，那么就会变成一种"癖"，一种品行障碍的心理疾病。但是，需要说明的是，孩子的这种行为是自发的，而不是自觉的，如果这种行为倾向还处在萌芽期，父母就不用担心，因为这正是给孩子树立是非观的绝好时机。

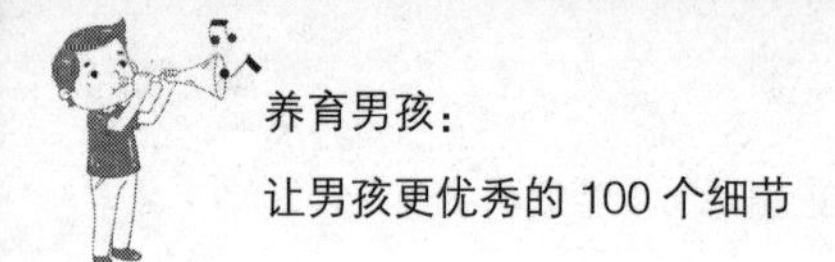

有几次晨晨向妈妈要钱，妈妈总是拒绝，晨晨似乎很懂事，也没有哭闹。妈妈认为穷人的孩子早当家，曾为儿子的懂事而骄傲。后来，妈妈发觉晨晨偷拿家里的钱时才猛醒过来。因为妈妈看到他的一篇日记：“妈妈，你知道吗？每次体育课后，大家都热得满头大汗，其他同学们都能去买雪糕来解热，而我只能偷偷地躲在一边看，心里是多么难受啊！有一次我实在忍不住了，就偷偷地拿了家中的五角钱，买了根雪糕，没想到被您发现了，您狠狠地打了我一顿。妈妈，我只要五角钱，在天气很热时，我也能和同学们一样，光明正大地买根雪糕吃，要不同学们会笑话我的！”

从那以后，妈妈开始反思自己：要想想孩子的感受，想想孩子眼神中流露的对同伴有钱花的羡慕，想想孩子曾站在柜台前想买玩具的渴望，孩子也需要钱用。因为他不是生活在真空中，他生活在一个周围充斥着现代消费的圈子里，他为了在同伴面前找回“尊严”，为了不在人前自卑，又怕父母打骂，孩子就只好“偷”。

其实，偷拿家里钱这一问题的实质不在于“偷拿”和“撒谎”，而在于孩子“为了达到目的而不择手段”的思维方式。那么，父母该如何制止孩子的这种行为呢?

1.不要粗暴地对待孩子“拿”钱的行为

面对孩子“拿”家里的钱，父母首先应控制过激的反应情绪，教育孩子时，要冷静、郑重，但是不可过于严厉或打骂，让孩子感到这件事情应该认真对待，但不要让孩子感到强大的压迫感，以便孩子能够心平气和地接受父母的批评。而当孩子主动承认自己的错误而不是掩饰错误时，父母千万不要批评孩子，应该告诉他，虽然犯了错误，但是主动承认错误，也让父母很高兴；要尊重孩子的人格，切不可就此一下子把孩子看扁，切忌当着外人的面来处理这件事，更不要把孩子曾经“拿”钱的事情挂在嘴边，时不时“揭孩子的短”。

2.了解孩子需要什么

孩子从家里拿钱，大多是因为他的物质要求得不到满足，所以当父母发现孩子拿钱的时候，要冷静分析孩子为什么要“拿”钱，分析出真正原因才有利于解决“拿”钱的问题；要和孩子心平气和地谈心，了解孩子到底需要什么，是零用钱不够，还是受人指使或胁迫？是物欲诱惑，还是形成了坏习惯？其中最本质的问题是，这种情形是偶然发生，还是已形成习惯？而孩子对待这种事情的态度又是如何？了解这些是解决问题的基础。

3.帮助孩子认识到错误

纠正孩子的“拿”钱行为，最重要是让孩子知道什么是“偷”“借”和“拿”。越小的孩子，越难以分辨这几个概念。父母要让孩子明白：“偷”就是在未经别人同意的情况下自己去拿；“借”就是别人同意给我们，但是我们要归还；“拿”是别人同意给我们，我们可以自己去取。要让孩子知道，如何对待钱可以反映一个人的品质，而这种品质将关系到自己的前途和人生。

4.让孩子花该花的钱

要告诉孩子，想买什么跟父母说，给钱或不给钱是父母经过思考的。假如有些东西孩子十分需要，就应该尽可能地满足；如果认为不应该满足，那么一定要给孩子讲清为什么，取得孩子的理解，而不是强硬、简单地禁止。要让孩子明白什么是必需品、什么是希望品。父母在教育孩子的过程中，要帮孩子分清两者的不同。该花的钱要让孩子花，不该花的钱就要和孩子说明白为什么不让他花。如果父母平时忽视了孩子的某些合理需要，也应该向孩子做自我检讨，让孩子服气。

“拿”家里的钱并不可怕，可怕的是父母不正当的处理方式，把孩子推得更远。父母们只有理智地对待这一问题，才能让孩子远离这一误区，快乐健康地成长。

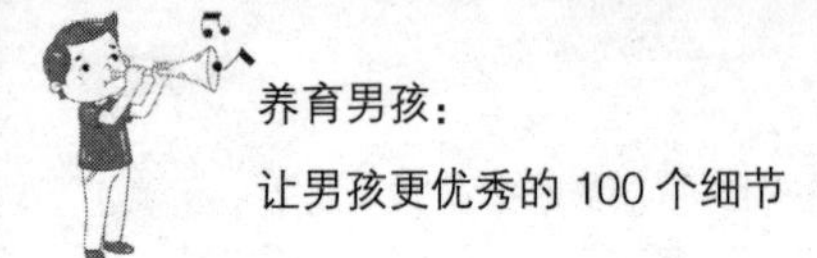

细节74　男孩逃课的背后另有故事

孩子逃课并不是一种简单的逃课行为，其背后往往还有着更深一层的心理、环境等因素。据中国青少年研究中心的调查表明，目前约有70%的孩子有不同程度的厌学心理。曾经，上学是孩子们最高兴的事，校园历来是孩子最向往的地方，而现在有的孩子一听到学校、学习等字眼时，就"谈虎色变"，甚至出现逃课的现象，这让越来越多的父母感到担忧。

厌学不仅常发生在学习成绩跟不上的孩子身上，还有很多成绩好的孩子也开始厌学。造成厌学的原因很多，但是过重的学业负担、枯燥的学习方式是最主要原因。此外，学习能力障碍、学习动力缺乏、学习方法不当、家庭环境不良、多动症、考试综合征、学校恐惧症及教育方式不当等也是学生们厌学的原因。

在一般人看来，逃课的行为是少部分比较差的孩子的行为，是那种调皮捣蛋、学习不好的孩子的"专利"。然而，根据一项调查显示，在中学期间从不逃课的中学生占35%，很少逃课的占26%，有时逃课的占23%，经常逃课的占16%，可见大多数的孩子都有过逃课的冲动。

孩子每天处在学习中，总是处于一种备战的状态，在这样一个接一个的奋斗目标中，孩子的精神被填得满满的，而身体也长期处于紧张、疲惫的状态，面对巨大的压力也就会有逃避的行为。教师讲课内容枯燥，授课方式落后，知识局限于书本，孩子们内心缺乏真实感，加之自制力较弱，好奇心强，导致了孩子容易受到网络等虚拟世界的诱惑，从而逃课。家庭的不良影响，如家庭不和睦、不健全，孩子得不到应有的关怀和照顾；家庭生活不健康，生活情趣低下；父母常给孩子灌输学习无用的错误思想等，也在一定程度上影响着孩子的学习积极性。

最近一段时间，父母了解到正在读初一的儿子小郑频繁地逃课。通过多方打听后，父亲发现儿子逃课跑到家附近一个隐蔽的“黑网吧”上网。父母几次将小郑从网吧抓回来，并严厉地批评了小郑，甚至还打了小郑，但小郑并不听劝，逃课的现象反而愈演愈烈。有一次，小郑竟然连续两天没回家，一直泡在那家“黑网吧”上网。父母问小郑，哪里来的钱上网，小郑说没有钱网吧可以先赊账，等有钱了再还。小郑的父母到那家网吧找小郑的时候，发现网吧里还有不少未成年学生在上网……

面对逃课的孩子，父母要怎么做才能够将孩子重新唤回课桌，让孩子爱上学习呢?

1.不要将过错都归咎于孩子

父母习惯于将逃课的错误归咎于孩子，认为这就是孩子不好好学习的表现。这样不但不利于孩子的回归，有时候反而会刺激孩子加剧逃课的行为。当父母发现孩子有逃课的行为时，最好不要急于批评，甚至打骂，不要把过错都归咎于孩子；要保持平和的心态，只有这样，才能真正地找到孩子逃课背后的原因，同时也不激化亲子之间的矛盾。

2.在学习上不要给孩子太大的压力

一些父母急于求成，对孩子的学习施加很大压力，孩子达不到目标，对学习越来越没有兴趣，造成孩子的厌学。所以，逐渐培养孩子的兴趣，让孩子喜欢上学习，这才是治本的办法。在这一点上，父母可以和学校沟通，让老师也同时给予孩子关爱，让孩子感到温暖。在轻松的环境中学习，能使孩子把学习看作是一件愉快的事情，使之从害怕上学变为自觉主动地上学。要对孩子多表扬和鼓励，不要忽略孩子的任何一点进步，即便是孩子只取得了微不足道的成绩，也应给以表扬，让其树立自信心。指出孩子的不足之处和小毛病时，要尽量用温和的语气，使之容易接受。

3.对待孩子的逃学切忌情绪冲动

万一知道了男孩背着父母肆意逃学，千万不要不问青红皂白，就对孩子进行教训。这很有可能将孩子原本不多的求学热情扫荡得一无所存，也易使孩子因怕被打骂而撒谎。再者，如果父母教训得太重了，就会给那些不良诱惑以可乘之机，使孩子更快地向那些诱惑靠拢，这样做的后果是不堪设想的。正确的做法应是来个“冷处理”，先平息自己心中的怒气，然后再积极地去了解孩子逃学的原因。弄清原因，才能对症下药教育好孩子。

男孩子逃课错不在己，孩子其实也是一个受害者，父母要找到这背后的关键所在，让孩子重回课堂，愉快地学习。

细节75 不要把男孩当成炫耀比较的对象

男孩经常会成为一些父母与他人进行比较的对象，如自己的孩子如何优秀，自己的孩子如何好。父母的这些炫耀心理和行为是不利于孩子成长的，甚至很多时候还会导致孩子的反感和不满。

人们愿意与他人进行比较，因为在比较的过程中能看到自己的优或劣。其实，这种与他人之间的比较，是人们追求进步的一种本能，但父母拿自己的孩子炫耀或比较，如果不能受到控制的话，往往收不到应有的效果。一般来说，一个孩子被父母对外炫耀和比较时，往往会产生自信心和自豪感，对于孩子的成长有一定的好处。然而，当父母将孩子的优点加以放大炫耀，就会使孩子产生自满的心理，反而不利于孩子的成长和进步；当孩子并不出色的时候，父母又经常会对孩子说“人家谁谁谁怎样、怎样，你看看你”，这又会打击孩子的积极性，甚至造成孩子自暴自弃的心理。

小江从小就是一个比较听话、学习成绩很好的孩子，父母对小江感到十分满意和自豪，经常在亲戚、朋友、同事面前夸小江。父母经常性的炫耀让小江变得十分自负，他从来不会对自己的能力、成绩产生怀疑。然而在初三的模拟考试中，小江因为发挥失常，成绩和排名都大幅下滑。平时以小江为荣的父母对此十分恼火，认为小江不好好学习，让他们丢了脸面，于是经常以这件事来责备小江，使得小江异常郁闷，结果之后连续几次的考试成绩越来越差。

每个人都会遇到与别人比较的情况，当一个人能够从中得到自信时，这种比较就会推动人的发展；而当一个人因此而丧失了信心的时候，这种比较反而会影响一个人的发展。这就需要父母把握好比较的度，不要将其变成单纯的炫耀。

1.不要用孩子满足自己的虚荣心

许多父母将自己的孩子和别人的孩子比较，炫耀孩子所获得的成绩，其实归根到底是在满足自己的虚荣心，因为对于许多父母来讲，自己的人生已经基本定型，自己并没有过多的东西可以向亲戚、朋友、同事等炫耀，因此只能将目标放在下一代身上。一方面希望孩子能够实现自己所未能完成的人生目标，另一方面要借助孩子来提升自己的“身价”，这些都促成了父母将孩子变成炫耀和比较的工具。所以，父母要戒除用孩子来满足自己的虚荣心的行为。

2.平和对待孩子的优缺点

父母在炫耀和比较孩子的时候，孩子的优缺点都会被放大。一个孩子的优点会被不断地“传颂”，使孩子的心理出现飘飘然的状态；而听的一方父母，就会对自己孩子在这方面的不足感到很恼火，会不断地指责孩子的不足，给孩子施加过大的心理压力。所以，父母面对孩子的优缺点时，都要保持平和的心态，当孩子取得好成绩的时候，要鼓励孩子并告诫孩子不要沾沾自喜，要学会总结经验，再接再厉；当孩子存在不足的时候，父母要告诉孩子不要气馁，要从中吸取教训，亡羊补牢。只有父母的心态放平和了，孩子才能够在父母的影响下拥有一个正确的胜负观念，才能在成

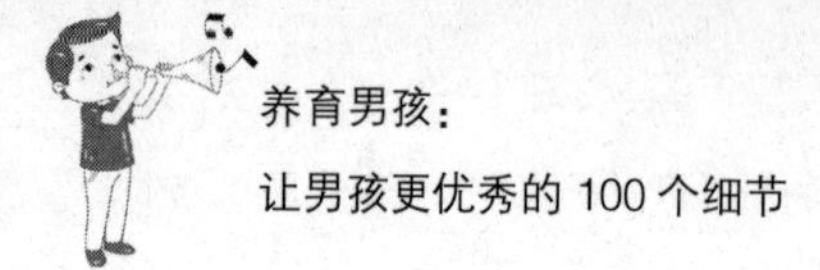

功与失败中走向最后的胜利。

要想让男孩健康快乐地成长，父母们最好不要炫耀自己的孩子，不要用比较扭曲孩子的人生，不要让孩子代替自己活，更不能由自己替孩子活；而要让孩子活出自己的人生。

细节76　让父母的权威在男孩的隐私面前低头

隐私是应该被隐藏起来的，但是正因为它的“神秘性”，反倒容易引起人们更多的关注。孩子们虽然小，没有成年，但是他们也有自己的隐私，可是因为父母对孩子的“绝对占有”心态，导致父母总想以各种手段了解孩子的隐私，借以控制孩子。孩子们通常会对父母的这一做法加以反抗，因此双方就会有冲突发生，亲子之间的矛盾加深，这非常不利于家庭教育的进行。对待孩子的隐私，父母要注意下面的一些问题：

1.给孩子平等的地位

不尊重孩子隐私的父母，首先是没有将孩子看成一个平等对应的个体，而是把孩子当成一个在各个方面都低于自己的个体，父母所表现出的权威是高高在上的，这是造成父母与孩子之间矛盾的根本原因。为了解决这种矛盾，父母要还给孩子应有的地位，即与自己平等的地位，这样孩子有什么事情才会愿意和父母沟通。

2.尊重孩子的隐私权

父母一定要尊重孩子的隐私权，不要因为自己的爱心——其实这种心理更多的是一种好奇心，去干涉、探听孩子的一切。比如，翻看孩子的日记，跟踪孩子的活动，偷听孩子的电话等，这些都是对孩子缺乏信任的表现，也是父母自身缺乏信心、自身不成熟的一种表现。父母一定要对孩子表现出信任和尊重，只有这样，孩子才能够获得个人的自尊，当面对社会的外界环境时，才能够拥有自我保护、自我权力意识，才是一个拥有自我的人。

小海平时的学习成绩一直不错，父母对他的学习也都很放心。但是到了初二下学期时，小海的成绩滑落得很厉害，就连原本强项的数学，期末也考了个不及格。这使得妈妈不得不“关心”起小海来。

有一天，妈妈找到了小海放在床垫下面的日记本，翻看起来。小海发现妈妈正在翻看自己的日记本，很是生气。妈妈却觉得没什么，认为这是一种关心，而且只是想看看小海有没有什么事情没有告诉她。小海和妈妈大吵了起来，告诉妈妈再不许看他的日记。

以前小海一直和妈妈关系不错，这次以后小海和妈妈之间产生了一种信任危机……

3.通过有效的亲子沟通了解孩子的信息

随着年龄的增长，孩子的秘密会越来越多，而父母出于对孩子的关心，总想了解孩子的一切，一旦方法不当，就会触犯到孩子的隐私，就会激化矛盾。许多时候，对于孩子内心的一些变化和孩子在外面活动的了解是很有必要的，但父母要坦诚地对待孩子，和孩子站在同样的高度进行沟通，多听听孩子的想法和观点。多和孩子说：“你对这件事是怎么看的？”“你有些什么想法？”“想听听你的看法”……然后再和孩子交换一下自己的看法，和孩子一起分析事情，这样孩子才能更愿意相信父母的看法，也能够拉近亲子之间的距离。

4.父母权威在隐私面前也要“低头”

一般的父母都会认为：“我生你养你，还有什么是不可以知道的？”其实，这是一种大错特错的观点。每一个人都需要有秘密和隐私，这是作为一个人一生的重要组成部分，许多青少年时期的秘密，最后会成为人生的美好回忆，而父母所做的恰恰就是在破坏孩子的这些美好的回忆，使孩子陷入伤心、烦恼之中。这会导致孩子更为叛逆、不听话，激化亲子之间的矛盾。所以，对于孩子的隐私问题，父母不要觉得自己是爸爸妈妈就什么事都可做，父母能做的就是和孩子平等相待。

对于孩子，父母既不能放任不管，也不能过度地使用自己作为父母的权威。为孩子保留一块隐秘的天地，也就是为孩子的心灵寻找一块安逸的天地，这块天地将守护孩子的一生。

细节77　学习成绩不是衡量男孩的唯一指标

对于孩子的学习成绩，父母都很关注，老师、孩子也很在意。不要说期中、期末考试了，即便是平时的小测验，好成绩也会让父母喜笑颜开，孩子更是一蹦三跳；倘若成绩不理想，父母常常愁眉苦脸，孩子已然成了霜打的茄子。表面上看，这似乎无可厚非，毕竟学生的主要任务是学习，而他的学习效果及学习状况主要还是从成绩中反映出来。但是，一两次成绩的好坏真能说明一切吗？单从分数的高低就能轻易地下结论吗？成绩真能代表一切吗？显然，学习成绩是一种衡量学生的重要标准，但绝不能变成唯一的标准。

1.学习成绩不是唯一的衡量标准

许多父母往往都以成绩的好坏来衡量孩子的能力如何。一个成绩好的孩子就是好孩子，就是一个听话有出息的孩子；而一个成绩不好的孩子往往就被定性成不好、不听话、没出息的孩子。但所谓的成绩，基本上都是在学校传统智力教育体制下的一种单一衡量标准，也就是说仅仅是对知识学习效果的一种衡量。而诸如孩子的应变能力、身体健康程度、人际交往能力等，是无法在学习成绩中反映出来的。

2.更多的人生在学习成绩之外

当今的社会，竞争是多方面的。许多成绩优异的孩子虽然在最开始可能会得到更多的关注，但是仅仅学习成绩好、分数优异的孩子在最后可能并不成功。因为人生之路变化无常，强弱与否绝不能用分数来决定，更多的人生需要靠学习成绩之外的东西来推动。

比尔·盖茨曾就读于西雅图的私立中学，当时，他发现了自己在软件方面的兴趣，于是13岁时开始学习并尝试开发计算机编程。大学三年级的时候，盖茨离开了学校，并把全部精力投入计算机软件开发上。在让计算机成为每个家庭、每个办公室中最重要的工具这个信念的引导下，他开始为个人计算机开发软件。盖茨的远见卓识以及他对个人计算机的先见之明，是他成为微软和软件产业成功的关键。

比尔·盖茨的成功并不是他的学习成绩决定的，而是他在学习之外对计算机软件开发的领悟能力。

我们学习了各种知识，培养出聪慧的大脑，但关键是我们能否将这些东西应用到实际工作中去并取得成功。那么，父母到底应该怎样面对孩子的学习成绩呢？

1.不要在成绩上把孩子一棍打死

对于孩子的学习，父母要持平和的态度，有了好成绩，考上好大学，并不代表成功。一些大学生毕业找不到工作，其中一个很重要的原因就是他们仅仅拥有好成绩，却没有良好的综合素质。父母要想保持平和的心态，就不要因为孩子成绩不好一锤定音、一棍子把孩子打死，要帮助孩子认识到自己的优点和缺点，并帮助孩子在学习和生活中建立自信，让孩子成为有能力、有特长的人。

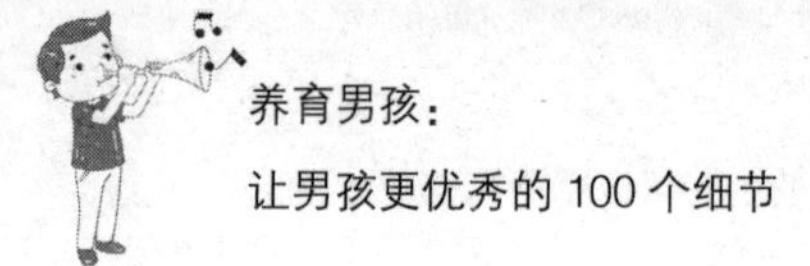

2.不要片面夸大成绩的功能

父母不要片面夸大成绩的功能，以分数的高低作为唯一标准，来判断孩子的学习及其他表现的优劣。父母看到孩子考试分数进步了，就喜上眉梢，认为孩子学习下功夫了，进一步推论孩子懂事了。于是，各种奖励接踵而至，更有甚者，放松了对孩子的要求，对他的缺点也睁一只眼闭一只眼。反之，若分数下降了，就如临大敌，认为孩子“不争气”“没出息”，枉费了父母的一片苦心，进而推论出孩子“太笨”“没有希望”，甚至认为孩子分数既然不高，那么在思想品质、行为习惯方面也肯定表现不好。因此，在批评和帮助孩子时容易失去耐心，甚至恶语相讥、拳脚相加，这样只会伤害孩子的自尊心和自信心。

3.不要机械地、片面地分析分数，从而得出错误的结论

一些父母不完全了解有许多的因素会影响分数的高低，有许多的因素会影响既得分数的真实性。有的父母，机械比较同一门学科前后几次考试的得分多少，以此来判断孩子此门学科的学习好坏；也有的父母机械比较同一次考试中几门学科分数的高低，以图发现孩子学习上的弱点。不能正确分析分数，被表面现象迷惑，最终将使父母、孩子都被误导而进入学习的误区。

4.全面关注孩子的发展

很多时候，父母看到孩子的学习好，就认为孩子什么都好，十分放心，不再关注孩子的其他问题了。事实证明，很多这样的“好孩子”却在未来的工作中并不能获得同样的成功，因为这样的孩子缺少各方面的磨炼机会，一旦受到挫折，便无法自拔，甚至出现走极端的问题。这就要求父母一定要全面地关注孩子的成长，这包括了知识的应用、人际交往、社会公共道德、身心健康等。帮助孩子树立良好的性格、健康的身心，这比好成绩更重要。

细节78 男孩的“早恋”该何去何从

爱情是如此的美妙，而有一种“爱情”却是父母们的心病，父母把这种爱情看成是洪水猛兽，视为眼中钉，这就是孩子的“早恋”。

“早恋”一般是指未成年的孩子与异性之间建立起来的、一种类似于男女恋人关系的一种情感。“早恋”是一个非常中国化的概念。其实，对于男孩来说，当他长大到了具有性别意识以后，就会产生对于异性的好奇，而这种好奇就是男女情感产生的重要基础，当这种好奇随着孩子的成长而转变成为一种心理需要的时候，就会产生爱恋的情绪。这一时期大都开始于青春期。正是因为这种青春期中的正常反映，对于我们的父母来说还难以接受，才会有了所谓“早恋”的概念。但事实是，当孩子“恋”了的时候，就说明不早了。所不同的是父母要关注的并不是孩子是否“恋”，而应该是孩子如何“恋”，心理上怎样理解“恋”。

1.帮助孩子认识“早恋”的弊端

因为孩子心智的不成熟，受外界环境的影响较大，加上性教育和心理辅导的缺失和父母的干涉与回避，孩子并不能充分地理解自己所产生的情绪究竟是什么，这时孩子就会开始模仿、学习成年人的行为，以此来处理自己的情感。

处于早恋之中的孩子，往往表现出一些反常现象。如上课分心走神、精神恍惚；情绪起伏大，心神不宁；开始注意打扮，突然大手大脚花钱，善于在某个异性面前表现自己；突然有人寄信、打电话来，但寄信人、打电话人不留地址、姓名；经常与某一异性交往，甚至发生各种越轨行为。最为直接和严重的后果就是会导致学习成绩的明显下降，孩子与父母间的矛盾加重。如果孩子因为好奇而吃了禁果，后果更是不堪设想。

所以，要让孩子认识到这些问题，父母可通过一些案例来教育孩子，让孩子知道问题的严重性，至少在心理上重视这个问题。

2.父母不要粗暴地加以禁止

对于大多数父母来说，“早恋”就如同孩子成长道路上的洪水猛兽一般，遇到这种事情的时候，都是采用严防死守、一棍打死的措施，但结果往往会事与愿违，父母们粗暴地制止并不能真正解决所谓的“早恋”问题。而且孩子开始“早恋”的时候往往正好是孩子最为叛逆的时期，父母的严厉干涉反而会促使孩子更为努力地去捍卫自己的“恋情”。所以，当父母发现自家的男孩开始与女同学有比较亲密的关系时，绝不能劈头盖脸地大骂一顿，而要与孩子进行沟通，共同找到解决的办法。

一个儿子对父亲说：“爸爸，我看上一个女生，漂亮、聪明、心好，我能跟她结婚吗？”

父亲说：“好啊，你看上她了，她看上你了吗？”

儿子自豪地说：“她当然也看上我了。”

父亲说：“很好，你能被这么好的一个女生看中，说明你很不错；你能看中这么好的一个女生，说明你很有眼光。我的建议是，如果你将来想在县里发展，你就跟她继续交往下去；如果你想到市里发展，你最好去市里解决这个问题；如果你想到省里发展，你最好到省里去解决这个问题；如果你想到北京发展，你最好到北京去解决这个问题；如果你想到国外发展，你最好到国外去解决这个问题。”

儿子听了爸爸的话说：“那我就等等再说吧。”

3.帮助孩子理解生理、心理的生长过程

作为父母，面对孩子的“早恋”问题，进行疏导要比堵截有效得多。父母要放下姿态去倾听孩子的想法，与孩子一起讨论早恋的问题，对孩子的“早恋”施以和风细雨般的宽容和正确引导。父母要和学校沟通，加强生理学和心理学教育，让孩子明白这种正常的生理、心理需求；加强恋爱观和恋爱道德、恋爱责任的教育，让孩子打破对“早恋”的神秘感和恐惧感。

4.为孩子指引正确的道路

许多调查研究都证明，青春期健康的异性交往对孩子的身心成长是有益的，是应该得到支持和理解的。“早恋”的孩子需要父母的正确对待，父母应该积极地引导孩子将这种朦胧的情愫转化为美好的友谊，提倡和促进孩子主动与异性交往，像兄弟姐妹一样友好相处，使他们对异性的关注和好奇心得到合理的满足。父母甚至可以请孩子心仪的同学来家里一起交流、沟通，引导他们正确地看待这个问题，而不要过分地妖魔化早恋的害处，这样可能会适得其反。

其实，父母的责任并不是把孩子的“早恋”赶尽杀绝，而是控制它，不让它恶意蔓延，并培养他们自身的“抗体”和免疫体系，帮他们安全度过情感世界里的这一段特殊的历程。

细节79　木讷的男孩更需要关心和鼓励

对于父母来说，大都希望自己的孩子开朗、大方，积极发言、大胆讲话。但每个孩子的性格不同，所以他们的表现也不一样，有的孩子善于言辞，有的孩子却比较木讷，但这些孩子可能更加的敏感、脆弱，需要父母给予更多的关心。

木讷的孩子有两种情况，一种是“假木讷”，就是孩子在与同学、朋友的交流中，在面临其他事情的时候，都是一个开朗的人，唯独在家里，在面对父母的时候，就变成了一个木讷的孩子，几乎不与父母做语言上的交流，这种木讷大多是由于父母与孩子的沟通不够直接造成的。还有一种木讷即所谓的“真木讷”，就是孩子在面对任何人或事的时候，都没有明

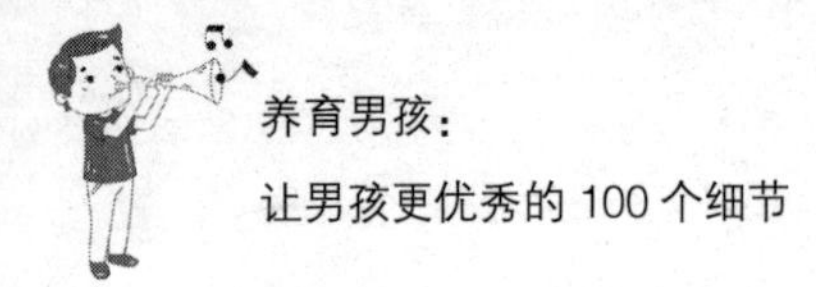

确表现的积极性，而始终保持一种内敛和缓慢的节奏。但父母要明确的是，木讷并不是一种病，而仅仅是一种独特的性格而已。

小萧是一名文科班的高中生，在学校里，小萧沉默寡言，很少参加学校的各种文体活动，甚至从来没有在课堂上当众发过言，就连请假也要找一个同学陪着，可以说小萧是一个过于木讷的人。但小萧却是一个内心慧秀，有着比一般人还要丰富的情感世界的男孩，小小年纪的他十分热爱文学创作，他的诗歌和小说多次发表在各种刊物上。小萧虽然言辞木讷，却以自己的方式取得了一定程度的成功。

并不是所有木讷的孩子都能够通过其他方式展示自己的能力，很多孩子是需要父母的关心和鼓励的。那么，父母对于性格木讷的孩子要怎样给予帮助呢？

1.不要责备木讷寡言的孩子

当面对木讷的孩子时，许多父母更多的是不耐烦、斥责和埋怨。其实，这种木讷性格的形成很大程度上是因为父母经常代替孩子说话，而不让孩子有展现自己的机会，或父母管教太严厉，致使孩子自我封闭，不愿意与外界交流。

2.要给孩子更多关心

性格木讷的孩子因为不愿意与人交流，而且很少表现出自己的情绪，因此，父母很容易忽视孩子内心所发生的变化。而这种长期忽视孩子心理变化的情况是比较危险的，一旦在孩子内心中积累的情绪一下子爆发出来，就会成为一场灾难。对于性格木讷的男孩子，父母一定要投入更多的精力，更多地关心孩子，更多地与孩子沟通，随时了解孩子内心的变化，排解孩子的孤独，给予孩子温暖。

3.要鼓励孩子在关键时刻不再木讷

一个人如果保持一定的沉默，有时也未尝不是一件好事。但这里绝不是说要事事沉默，因为当今的社会还是需要一个人的自我展现。因此，父母要教会孩子在关键时刻不再木讷，该说话时说话，该争取时要争取。比如在学校的干部选举上，如果孩子的条件比较合适，父母就要教育孩子积极主动地去争取，要勇于打破沉默。因为平时里经常的沉默，一旦孩子有所展示的时候，往往会带给人不一样的感觉，甚至更能取得出其不意的成功。

4.多培养孩子的兴趣爱好

父母不要只以学习为重，忽视孩子的特长，也不要为了所谓的培养兴趣爱好，不尊重孩子的意愿，报这个兴趣班、那个特长班。父母要转变思想观念，眼睛不要只盯分数，要鼓励孩子在闲暇的时间广泛阅读，博览群书，通过阅读，拓展自己的知识面，给孩子更多的自信，这样反而能够获取更好的成绩。

孩子的木讷有时候是一种宝贵的财富，如果孩子能够得到父母更多的呵护和关心，相信在父母和孩子的共同努力下，木讷的孩子也能获得自己的一片快乐的天空。

细节80　男孩的健康成长不需要无尽的指责

受含蓄、谦卑、虚心等传统教育思想的影响，一些父母吝啬于表扬孩子，他们觉得，“优点不说不能跑，缺点不说不得了”。所以，他们给予孩子无尽的批评和指责，殊不知，这些已深深地伤害到孩子的心灵。

达·芬奇曾经说过：“应当耐心听取他人的意见，认真考虑指责你的人是否有理。如果他有理，你就改正自己的错误；如果他没有道理，只当没听见。若他是一个你所敬重的人，那么可以通过讨论，提出他不正确的地方。”这里，达·芬奇交代给了我们面对指责时所应持有的态度，

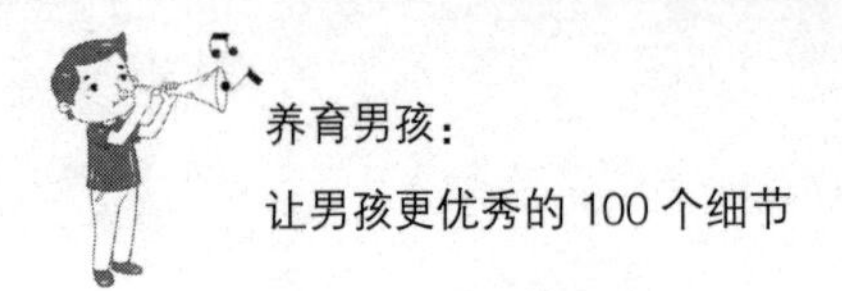

善意、准确的指责能够帮助人们认识错误，激励人们更加努力地学习和工作。

对于男孩来说，固然需要在挫折中越挫越勇，但也需要勉励和抚慰，需要让他们体会成功的快乐。父母们不合理的指责，会在很大程度上挫伤他们的积极性。

1.过多的指责会挫伤男孩的自信心

成功需要挫折和失败的锤炼，现在对于挫折教育的讨论也很多，于是就有很多父母在教育孩子的时候采用了所谓的“挫折教育”，对孩子做任何事都加以指责、挑剔，认为这样会使孩子产生上进心。很多父母经常会说的一句话就是：“男孩儿皮糙肉厚，说两句、打两下没事儿。”其实从内心来讲，男孩并不比女孩拥有更强的承受力，只是遇到指责时的表现和状态不一样，也就使人误认为男孩不怕指责。如果过多的对男孩加以指责的话，也会使孩子的自信心受挫，让男孩产生自卑心理。

给孩子泼冷水，很容易让孩子失去自信心，甚至会让孩子因设法保护自己而产生逆反心理。正如能力法则所确定的那样，若给孩子以反复的刺激，就会使孩子逐渐形成“反抗”的能力。对孩子越是一味地责备，其反抗心理就越强，最终还得以父母屈服于孩子而告终。

2.男孩的健康成长需要鼓励

相对于不断的指责来说，孩子健康地成长更需要的是鼓励。当一个男孩被父母当众指责的时候，男孩自尊、自爱的心理防线就会被击溃，甚至会产生以丑为美的变态心理；而当一个男孩受到表扬时，他的自尊心和自信心会得到极大的满足，也就会对未来充满信心，在做任何事情的时候都会充满干劲，即使遇到挫折也会满怀征服困难的勇气。

3.不能用指责代替激励

许多父母认为要激励孩子上进，就要指责他，找出他的毛病，让他改正。其实，指责并不能代表激励。因为当我们指责一个人的时候，往往并不会告知对方所犯错误深层次的原因和内涵，更何况是频繁的指责了；而为了激励孩子，我们更应该帮助孩子找到事情的前因后果，让孩子心服口服，他才会心甘情愿地努力进取。因此，父母不要用指责来鼓励孩子上进，而要给孩子信心，帮助孩子认清问题所在，这才是积极的激励。

4.磨砺教育不是指责教育

有的父母为了给孩子进行挫折教育，于是对孩子经常加以指责，即使有时候孩子做得对，做得很好，父母也会“鸡蛋里挑骨头”，进行一些吹毛求疵式的指责。这些过分的指责绝不是磨砺孩子成长的试金石，而会成为不断绊倒孩子的绳索。

5.批评孩子要有度

对于孩子来说，做错事是在所难免的，批评孩子也是应该的。然而，做父母的一定要做到批评对事不对人。父母应该对孩子说明道理，帮助孩子分析错误的原因和改正的方法，而且要让孩子学会承担因为自己的错误而带来的不良后果。在这个过程中，父母要注意尊重孩子的意见，提高孩子的自信心，要善于及时发现孩子身上的闪光点，在批评孩子的时候也能表扬孩子的长处，这样，孩子会加深对自身的认识，也会积极主动地去改正错误，发挥自己的长处。

小松是个既顽皮又可爱的男孩子，父母对他寄予了很大的希望。小松虽然在别的方面表现得很聪明，可在学习上却是一塌糊涂。父母专门给他请了家教，但他的成绩还是没有明显的提高。对此，小松的父母十分恼火，总是对小松大加斥责。“你到底长没长脑子啊？真是猪脑子！”母亲总是边说边用手狠戳儿子的头。“依我看，连猪脑都不如！笨蛋一个！没出息的东西！”父亲也总会接着妈妈的话茬说。

有一天，在训斥完了小松后，爸爸妈妈准备出去吃饭。临出门，父亲回头对小松说："晚饭你就甭吃了！你没有资格吃，越吃越是饭桶一个！"当夫妻二人吃完晚饭回到家时，发现儿子不在家——小松离家出走了。

父母批评孩子一定要有度，言辞不能太激烈，一味地指责，不仅解决不了问题，还会让孩子陷入痛苦之中，饱受折磨。

细节81　注重男孩的非智力因素的培养

有些孩子在年少时很聪明，智力出众，学习方面表现很优秀，但成人后却没有什么作为。殊不知，隐藏在事实后面的一条真理是：孩子的成才除了一定的智力因素和社会条件外，更重要的在于自身的非智力因素。

非智力因素是相对智力因素来说的，一般认为智力因素包括六个方面：注意力、观察力、想象力、记忆力、创造力、思维方法。非智力因素，是指与认识没有直接关系的情感、意志、兴趣、性格、需要、动机、目标、抱负、信念、世界观等方面。非智力因素，在孩子的成长过程中，有着不可忽视的作用。聪明的孩子固然容易成功，但如果一个孩子仅仅是大脑智力上聪慧，而非智力方面严重欠缺，那么，他也难以取得真正的成功。

1.非智力因素是男孩走向成功的关键

我们知道，在一个人的成长过程中，要想取得一定的成就，他就一定要具有强烈的自信心、顽强的意志、良好的能与人合作的性格等这些非智力因素。

科学家达尔文说过："我之所以能在科学上成功，最重要的是我对科学的热爱，对长期探索的坚韧，对观察的搜索，加上对事业的勤奋。"法国著名的生物学家巴斯德则说："告诉你使我达到目标的奥秘吧，我唯一的力量就是我的坚持精神。"他们和许多成功人士一样，成功的"秘诀"

不仅在于智力，更在于非智力因素。

我国著名的数学家张广厚，在小学、中学读书时，智力水平并不出众，他的成功就与良好的非智力因素有关。他说：“搞数学不需太聪明，中等天分就可以，主要是毅力和钻劲。”张广厚的“毅力和钻劲”就是非智力因素。

如果一个人非智力因素缺乏的话，就会表现出没有远大的人生目标，对任何事都无所谓，缺少兴趣和热烈的情感，意志薄弱，遇到困难就退缩，行为习惯差，缺少独立的性格等。缺少了这些，再聪明的人也难以取得成功。

2.要注意培养男孩的非智力因素

我们知道了非智力因素的重要性，培养男孩时，不仅要着眼于智力因素的培养，引导男孩好好学习，在智力培养上进行投资，还要注意对男孩进行道德、人格、品质、习惯等非智力因素的培养，让男孩得到全面的发展。例如，今天的一些独生子女，往往非常欠缺战胜困难与挫折的能力，这与父母们时时处处宠着孩子，不让孩子受半点儿委屈不无关联。可见，让孩子经历一些小挫折，磨炼出一定的承受力，对培养其良好的心理素质大有好处。

清朝红顶商人胡雪岩小时候家境贫寒，8岁的时候就开始替人家放牛。有一天，他和一些小伙伴在野外放牛，他们把牛拴在一个地方，就一起玩了起来。玩着玩着，有一个小孩一不小心掉进了山沟里，其他孩子见了，都惊慌失色地撒腿跑回了家，只有胡雪岩留了下来，沉着冷静地想办法。他顺着那个孩子掉下去的地方慢慢摸索着走下去，结果成功地把那个孩子拉了上来，并将他扶上牛背送回了家。乡邻们知道这件事后，都对他称赞不已，夸他遇事冷静、机灵、勇敢、为人善良。

孩童时代的胡雪岩就有着他人所不及的高尚品德，成年后他又逐渐成

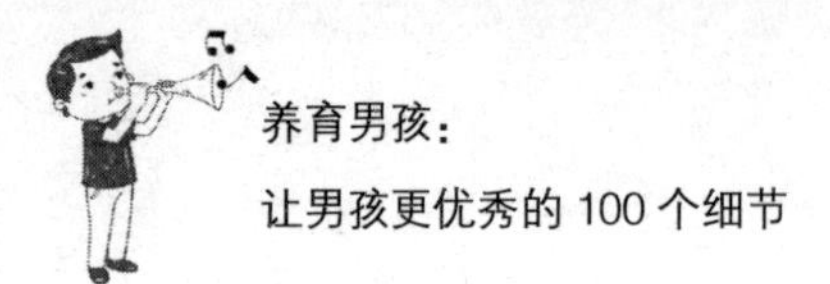

为一个德才兼备的商人。良好的品德是才能施展的基础，它对一个人的发展非常重要，正如胡雪岩所说的那样：“一个人怎么样是看品德，不是看才干。”

当非智力因素成为决定成败的关键时，父母在内心就要真正重视起来，不要让孩子输在只有小聪明，只知读书的“起跑线”上。例如，父母要注意培养男孩做事认真、一丝不苟的精神；培养男孩诚实、勤劳、正直、勇敢、热情、开朗的性格；培养男孩善于独立思考、善于观察、勤奋好学、具有自信心和独立性；要纠正孩子不尊重长辈、任性、依赖性强、经受不起挫折等不良性格；要帮助和培养孩子树立正确的人生目标，立大志，立长志，这样的男孩才是顶天立地的男孩，才是能成大事的孩子。所以，父母们在教孩子背诗词、认生字、学数学、学英语之际，一定不要忽视培养男孩良好的品德和个性等非智力因素。

细节82　过分的保护会折断男孩欲飞的翅膀

“一条小金鱼悠然自得地在精致的玻璃缸里游来游去，可它永远也享受不到战胜风浪后的快乐。”处在父母全面保护中的男孩就像这条小金鱼，既体会不到成功的乐趣，也失去了自由的天地和自我的人生。

美国儿童教育家法斯乐说：“孩子的母亲肯让他走，让他有跌跌撞撞的体验，这是最好的教育机会。不要过度地保护孩子，让孩子体验生活，这就是人生。”孩子的成长需要父母的精心呵护，但过度的保护会使孩子失去锻炼、成长的机会，也会使孩子感到能力缺乏而对自己失去信心。

1.男孩的人生必须经历磨砺

人生只有暂时休息的驿站，而没有一劳永逸的港湾。被搁置在港湾中的船只，即使是最优良的战舰，在经历几年时间后，都会变得东倒西歪，船身锈蚀不堪，再也无法航行在大海之中了。人生也是如此，没有了风吹雨打，没有了“养护”“修理”，而只是安逸地停滞不前的话，最后也会像那些停泊在港湾中的船只一样，被时间吞噬生命。

科学家庄纳思·思克发明了小儿麻痹症的疫苗，从而使许多人避免了小儿麻痹症的病痛折磨。由于他的发明是通过201次的试验才得到的，所以有人问他：“你的最终发明是最伟大的，那么是怎么看待你前面的200次失败呢？”他回答说：“在我的生活中，从来没有过200次的失败，我所关心的是，通过自己所做过的事情得到了什么样的经验，学到了什么知识。我在第201次试验中成功了，如果没有前面200次的经验，我就不会得到第201次的成功。”

不经过200次的磨砺，庄纳思·思克就难以成为伟大的科学家。

2.处处受到父母保护的男孩没有未来

许多父母将孩子看成是掌上明珠、小太阳、小皇帝，保护他们甚于保护自己的眼睛。不论什么事，只要涉及孩子的事，父母都要插手，甚至是直接代替孩子做。他们很怕孩子做不好，怕孩子因为做这些事情而受到身体和心理上的伤害。可这些父母们不明白的是，自己不可能跟随孩子一辈子，孩子的事终究还需要他自己来做。其实，这些父母是在以自己目前的心安理得，透支了孩子的未来。

对于男孩来说，未来的世界要靠自己挥动翅膀去探索，前进中的挫折要靠自己的肩膀去扛，坚持下来的才能成为真正独当一面的男子汉。

3.不要怕失败，让男孩去闯

父母过分地保护孩子，不让孩子去做，更主要的是因为父母害怕孩子因为挫折而受到伤害，担心孩子做不好而失败。父母不要害怕孩子跌跟头，要让孩子出去闯，要激励孩子勇敢闯荡。有时候父母甚至可以人为地为孩子设置一些小障碍，以此来磨炼他的意志；绝不能因为将来可能的失败，就讳疾忌医、因噎废食，不让孩子去做。

4.理智地保护孩子

在孩子能够自己处理和承担事务的时候，父母千万不要越俎代庖，而要让孩子自己去尝试，父母可以保持一种适时关注的态度，以避免孩子受到意外的超出孩子承受能力的伤害。

对于每一个男孩子来说，父母的呵护都会显得无比的温暖、安全。然而，要想让孩子成为高空中的雄鹰，就要男孩子炼就一双坚强的翅膀，这样他才能在人生的天空展翅飞翔。

细节83　正确引导男孩去“追星”

“你最崇拜的人是谁？”在问了不少青少年后，得到的答案最多的不是父母，也不是老师，更不是科学家，而是歌星影星。对“明星”偶像的崇拜，已成为青少年的时尚追求。少男少女们为“明星”偶像或喜或悲，甚至出走、自杀。许多父母大惑不解，不知道孩子“追星”到底是对还是错。

偶像的存在，是人们生活的一种动力，是一种心灵的支持，正确的偶像崇拜能够激励一个人奋斗一生，错误的偶像崇拜却容易使人走向深渊。对于人类来说，偶像的崇拜由来已久，当人类最初面对大自然的伟大力量而茫然不知所措的时候，天地神就已经成为人类崇拜的偶像了。而人类进入文明时代以后，偶像的范围越来越广阔，小到自己的父母兄弟姐妹，大到英雄帝王国家领袖，逐渐地，人们将偶像崇拜的对象从自然物转向了人类社会中的成功者，几乎每一个人的心里都有了一个向往的目标。

偶像的产生来自人们心理的需要，也就是说，每一个人都需要有一个或者多个偶像。偶像是一个理想化的学习、工作、生活形式的存在，偶像因为展现给人的是美好、强大的一面，得到了人们的崇拜。而一个人，如果有了一个可以追逐的目标，那么也就有了生活的动力，也就会在偶像的激励下奋发图强。所以，父母要引导孩子正确地追星。

1.不要粗暴地遏制孩子追星

今天，“造星运动”大行其道，各种选秀活动此起彼伏，大量的被包装、打造的明星耀人眼目，而孩子也因为人生需求对出现的各种偶像充满了好奇，在偶像光鲜亮丽外表的诱惑下，许多孩子加入了追星的行列。而在许多父母眼里，孩子追星就是所谓的不务正业，于是父母就对孩子的追星行为大加挞伐，粗暴地遏制孩子追星。其实，父母的这种做法并不能真正制止孩子追星，这种行为更多的会换来孩子的反抗，孩子也会更加想尽办法去追星。因此，父母不要以一刀切的方式来干涉孩子追星。

2.帮助孩子去追“恒星”，而不是“流星”

一些明星经过了艰苦的奋斗和不懈的努力成为人们尊敬的明星，他们就如恒星一样，永远得到人们的敬仰；有一些明星如过眼烟云，就如流星一样，很快就过去了。喜欢娱乐是孩子的天性，孩子“追星”实际上是一种理想中的天真，也是一种激情中的盲目。对于喜欢追星的孩子，父母如果能够参与到孩子的“追星”行动中来，与孩子一起了解他所喜爱的偶像，会对孩子有许多帮助。父母可以更多地了解孩子的心理，可以通过自己的社会经验和人生经历，帮助孩子分析喜爱的偶像，帮助孩子找到偶像成功的原因，帮助孩子去追“恒星”，而不是“流星”。

3.教育孩子追星要理智

父母要让孩子懂得理智地去崇拜偶像，让孩子知道冲动和盲目不仅不是在崇拜，反而是在破坏自己的人生。

上高二的小超最近疯狂地迷恋上一个女明星，他的房间里到处都贴满

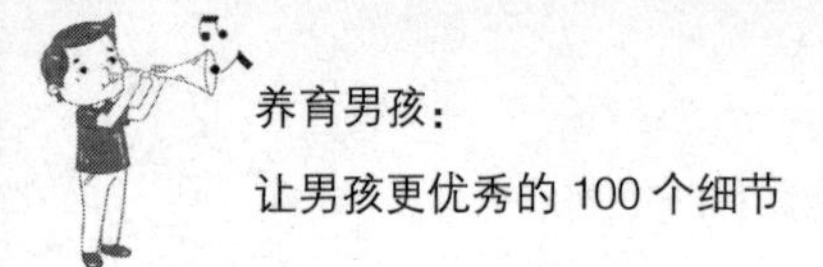

了这个女明星的海报，女明星的身高、体重、生日、爱好、活动，他都了如指掌。他不但学习时要听她的歌，有这个明星的电视剧时，他也一定要看完才去学习。

父母提醒小超，不能因为喜欢明星而影响学业。可小超根本不听，反而对女明星的痴迷有增无减，结果他的学习成绩大幅度退步，让老师和父母都陷入了担心之中。

其实，像小超这样的男孩只是少数，青春期的他们情感表现得很热烈，做事情难免会被父母看成极端。此时，父母需要做的是了解孩子追星的真正原因，然后找到所追之星正面积极的故事来激励孩子奋发向上。

英国文豪莎士比亚曾说过：“不要盲目崇拜别人而忽略了自己的美。”每个人心中都有一块值得仰望的天，每个人都有过自己的激情岁月，孩子追星并不是什么不好的事，他需要的是正确的引导，而不是压制。

第九章

好的心态，才能成就幸福男孩

细节84　让乐观做男孩的“自我标签”

罗兰说：“一个人若能让自己经常维持像孩子一般纯洁的心灵，用乐观的心情做事，用善良的心肠待人，光明坦白，他的人生一定比别人快乐得多。”

开朗乐观既是一种心理状态，也是一种性格品质。调查显示，开朗乐观的人不仅较为健康，婚姻生活也较为幸福，事业上也较易获得成功。医学家认为，愉快的情绪能使人的心理处于怡然自得的状态。可见，乐观是一种良好的心理药剂，能排遣和挫败一切痛苦与烦恼，给人生活的勇气、信心和力量。

一个人若能保持乐观的心态，就会带给身边的人欢乐，自己也会得到欢乐。在相聚时，你的快乐心情，微笑的表情，诙谐的语言，会像春风一样温暖别人的心，引来大家的笑声，驱除心中的烦恼。而当大家在你这里得到这种美好的心灵享受之后，对你也会油然产生一种感激之情，会觉得你有一种精神上的吸引力，更加愿意与你交往。

1.让男孩保持好自信的心态

自信是成功的前提，也是乐观、快乐的秘诀。只有自信的人，才能在困难与挫折面前保持乐观，从而想办法战胜困难与挫折。父母应教会孩子多看自己的优点和长处，多发掘自己的潜能，增强孩子的自信心；带孩子接触不同年龄、性别、性格、职业和社会地位的人，让他们学会和不同类型的人融洽相处。

2.乐观的男孩也需要适当的“脆弱”

高考失意、失恋、失去亲人等“刺激”在心理学上被称为“创伤事件”。面对创伤事件，很多人喜欢强调“坚强”，尤其是对男孩，其实这样做，是压抑了人的本能反应，一个心理健康的人，应该是在坚强与软弱之间来回震荡的。

一个原本乐观的男孩，14岁时父亲突然离世。周围的人不知道该怎么开导他，只是不停地说“不能哭，你是男孩，要坚强”。父亲的遗体告别那天，男孩果然一滴眼泪都没掉，表现得非常“坚强”。但是后来，十几年过去了，男孩直到35岁还没有谈过恋爱，因为他从不会笑，与周围的人也没什么情感交流。

其实，这是个十分需要人们反省的故事，如果男孩没有很好的排泄出这些负面情绪，怎么能要求男孩乐观地面对生活呢？只有他们哭过了、发泄了，才会重拾信心，乐观地对待今后的生活。

3.教会男孩遇到难处要转移情绪

培养男孩的乐观心态，很重要的是要教会孩子转移负面情绪。人生难免会有挫折和失误，少不了烦恼和苦闷的相伴，这就需要父母帮助孩子把注意力转移到别的地方去。如当孩子遇到不开心的事，不妨与孩子谈谈别的事情，或者带孩子参加一些文体活动，用身心的快乐来冲淡郁闷的情绪。

4.不要对男孩管教过严

作为父母，当然不能对孩子不加管教、听之任之，但是管教过严又可能压制男孩对生活和快乐的追求，对孩子的心理健康产生负面的影响。父母不妨让孩子在不同的年龄阶段拥有不同的选择权。这样，男孩才能感到真正意义上的快乐和自在。

给孩子创建快乐的家庭气氛，一个充满了欢乐的家庭，定会培养出开朗乐观的孩子。在生活中，我们不难发现，乐观、积极的男孩往往在许多时候都是焦点，也都更容易获得认可和成功。

细节85 走出悲观情绪的沼泽地

悲观的情绪不仅仅是一种精神上的不良状态，对人的身体健康损害也很大。根据研究，悲观的人年老时患老年痴呆症的危险较大；生性悲观的人更容易死于心脏疾病，其原因是这些人身心长时间处于压抑苦闷状态；悲观情绪还会破坏人的免疫功能，造成代谢功能的失调，内分泌也会遭到破坏。

悲观只是对所面临事物的一种情绪，在悲观的状态下，男孩往往会失去行动的力量，而陷入不断的自怨自艾之中。如果一个男孩仅仅是沉溺于悲观的情绪之中不能自拔的话，就会忽视掉周围新的机会，未来的大门也就会因此关闭了。沉溺于悲观的男孩不仅会失去现在，也会失去未来。

两个男孩到一家公司求职，经理把甲叫到办公室："你觉得你原来的公司怎么样？"甲面色阴郁地答道："唉，那里糟透了。同事们尔虞我诈，勾心斗角，部门经理粗野蛮横，以势压人，整个公司暮气沉沉，生活在那里令人感到十分压抑，所以我想换个理想的地方。""我们这里恐怕不是你理想的地方。"经理说。于是，这个年轻人满面愁容地走了出去。

乙也被问到这个问题，他答道："我们那儿挺好，同事们待人热情，乐于互助，经理平易近人，关心下属，整个公司气氛融洽，生活得十分愉快。如果不是想发挥我的特长，我真不想离开那儿。""你被录取了。"经理笑吟吟地说。

很多时候，悲观还是乐观往往决定着人生的走向。那么要如何帮助孩子排解悲观情绪，让男孩走出悲观的沼泽地呢？

1.帮助孩子释放悲观情绪

心情不愉快闷在心里是会闷出病来的，父母应该让孩子学会向人倾诉。如可以向朋友倾诉，把心中的苦处说出来，心胸自然会像打开了一扇门一样明朗。发现孩子有悲观情绪时，父母要主动与孩子沟通，让孩子向父母倾诉，这样也会使孩子的心境由阴转晴。

2.帮助孩子正确评价自己

经常有悲观情绪的孩子往往不自信，对自己的评价总是偏低。其实，每个人都有自己的长处和优点，只要你善于挖掘，就能够让自己倍增信心。经常给自己一些良好的自我暗示，如“我一定可以做得到，并且能够做得很好”，“失败没有关系，关键是学到了很多东西，而且失败乃成功之母，以后一定能够成功”等。

3.坚定信念，不要让挫折变成男孩的绊脚石

挫折、失败是不可避免的人生经历，关键是如何面对它，要怎样走出悲观的情绪。在面临悲观情绪的时候，一定要教会男孩坚定信念。在人生的旅途中，有鲜花也有荆棘，挫折、失败是所有人都会面临的，如果一个人内心软弱，就很难战胜挫折。

不要让男孩变成一个悲观的人，悲观情绪就像沼泽一样，一旦深陷其中，就只能被它吞噬，很难再拥有光明的未来。

细节86　摆脱做事胆小的阴影

歌德曾说：“你若失去了财产——你只失去了一点；你若失去了荣誉——你就丢掉了许多；你若失去了勇敢——你就把一切都丢掉了。”胆小并不是错误，但如果因为胆小而影响学习、工作和生活的话，那么胆小

就成了男孩前进道路上的绊脚石。

胆小并不是某几个人的特殊个性，而是很多人都有的共性，是一种正常的心理反应。每个人都有害怕的东西，或是人、或是物，只有一无所知的人才会无所畏惧。对于孩子来讲，因为年幼，心灵和身体都在发育之中，所以害怕的东西会更多，做事的时候也会有更多的顾虑。

俗话说："初生牛犊不怕虎。"孩子的胆小并不是天生的，而是后天养成的。如孩子的生活环境封闭，接触到的陌生环境和陌生人较少，造成了孩子在面对陌生人时束手无策；成人对孩子照顾过细，对孩子的保护过多，特别是老人，总是怕孩子磕着、碰着，与别的小朋友有冲突，这些也会造成孩子对成人的过分依赖；从图书、电视及生活中偶然发生的事件，如打雷、闪电等情景下，学会了害怕，孩子对于黑暗、树影、突然的响声、有毛的动物都会产生恐惧；父母的教育过于严厉，孩子做事总要看大人的脸色，孩子做事没有信心，慢慢就变得畏首畏尾，不敢尝试……

胆小的影响并不是暂时性的，当孩子在某件事上形成胆小的习惯后，这种阴影往往会伴随孩子很久，甚至会影响孩子一生的人生选择和发展。如果一个男孩，当别人一注视他的时候就会腼腆地笑，一和别人说话就会变得不自然，眼睛乱转，手足无措，语无伦次，什么事情都怕，什么事情都不敢做，那么他的未来很难是一片光明。

父母们可以从以下几个方面来帮助胆小的男孩摆脱心理阴影。

1.找到孩子胆小的原因

很多父母在发现孩子做事胆小的时候，往往只会叹息和烦恼自己的孩子胆小，却很少真正地去弄明白孩子为什么胆小。其实，孩子之所以会在做事时变得胆小，很大程度上与父母的教育有着密切的关系，如父母经常当着孩子的面对外人说自己的孩子见陌生人不敢说话，这实际上对孩子的心理形成了一种心理暗示，暗示孩子很胆小。在寻找孩子胆小原因的时候，父母们可以求助于专业的心理医生，以便能够更好地为孩子做出诊断。

2.帮助孩子理解所害怕事物的真相

其实对于许多孩子来说，他们并不认为自己的胆小是一个问题，或者意识不到自己的行为是一种胆小的心理问题，这就需要父母及时地和孩子沟通，帮助孩子理解他所害怕事物的真相。有些东西是因为不了解，才会产生恐惧，一旦了解了，也就没什么好害怕的了。

3.孩子克服胆小需要一个过程

有的孩子害怕某件事并不是一句话就能够解决的，如前面提到的孩子不敢和陌生人说话。面对孩子不敢和陌生人说话，就要有针对性地让孩子走到人前表现自己。父母可以多带孩子到有陌生人的地方去，多让孩子和他人沟通，从而克服胆小的心态。当然，父母要有耐心，毕竟孩子克服胆小需要一个漫长的过程。

4.多鼓励男孩

孩子需要父母的鼓励才能不断进步。如果父母经常说孩子这不行、那不行的话，孩子就会真的不行。其实男孩有时候并不是真的不敢做某事，而是在心理障碍形成以后面对这样的事情心里会自然而然地害怕。因此，父母要学会鼓励孩子，让孩子对任何事都充满自信和勇气。

男孩子胆小绝大多数是由于后天的环境和教育造成的，父母们应该尽量避免男孩变得胆小，万一男孩胆子小，则要帮助孩子找到原因，并反省自身教育方法的缺失，调整和改善教育策略，让男孩远离胆小，变得自信阳光起来。

细节87 用交友来赶走男孩的孤独

友谊，是这个世界上最不可缺少的东西。无论一个人从事哪种行业，朋友都会在他的生命中流转不息。对于一个意志消沉的人来说，朋友的关心、支持和鼓励，远比所谓的灵丹妙药有效。真正的友情，是冬日的阳光，温暖了冰冷的心；是酷暑中的清泉，沁人心脾；是暴风骤雨中的港湾，宁静、安全。朋友之间的友谊是心灵最好的栖息地。可以说，在孩子的成长过程中，朋友是不可缺少的。

1.青春期的男孩更需要朋友

青春期的男孩心理是很微妙的，他们在心理上自我意识开始成熟，导致他们不太愿意再和父母进行亲切的交流，因为他们总觉得父母高高在上，总是教育自己，他们更愿意接受同龄人间的平等的交流。

2.独生子男孩更需要朋友

许多男孩都是独子，他们虽然和父母之间十分亲密，但他们还是会感到孤独寂寞。他们没有兄弟姐妹，缺少可以交流的同伴，所以，对抗孤独的最好办法就是找到一个能够交流的对象，能够一起分享、分担的朋友。

绘画大师毕加索的一个好朋友阿里亚斯是一名理发师。毕加索比他大28岁，他视毕加索为“第二父亲”。毕加索一共送给他五十多幅作品。理发师将这些画都捐给了西班牙政府，并在家乡布伊特拉戈建了一个博物馆。博物馆中还陈列了一个放理发工具的盒子，上面烙有毕加索的一幅《斗牛图》和“赠给我的朋友阿里亚斯”的亲笔题词。

一位日本收藏家曾想购买这个盒子，他给了阿里亚斯一张空白银行支票，说数目他随便填。可收藏家没想到，他竟遭到了理发师的拒绝。阿里亚斯说：“不论你用多少钱，都无法买走我对毕加索的友情和尊敬。”

友谊是不分身份地位与贫富贵贱的，也只有这种纯粹的友谊才更被世人所羡慕和向往，教会孩子寻找一份属于自己的友谊，一位可以相交相知的朋友，这是父母送给孩子的最好礼物。

1.扩大男孩的交友圈

有一些男孩交际范围非常狭小，他们缺乏交流、宣泄的地方，难免会越来越孤独。所以，父母不要把男孩束缚在家庭、学校的两点一线间，也不要让孩子只是学习，要让男孩多接触外界的环境。比如，找时间带孩子去公园，鼓励孩子与同学交往，提供条件让孩子参加各种夏令营活动，以结交更多的朋友。

2.提高孩子的交往能力

培根说过："没有真挚朋友的人，是真正孤独的人。"有了知心朋友，孩子彼此之间就能相互信任、相互理解，高兴时有人分享快乐，悲伤时有人分享苦闷，感情有所寄托，就不会感到孤独了。取得这些的基础是孩子要有一定的交往能力，懂得怎样与人交往。有些男孩想要拥有友谊，结交朋友，可是他们却霸道成性、不懂为人着想，这样的男孩当然不容易交到朋友。父母要引导孩子，既然相识相交，就不要去太在意一些外在的物质条件，只有心灵上取得共鸣，才是赢得朋友的关键。

3.为孩子交友把好关

有的孩子，因为孤独导致盲目交友，上当受骗。所以，父母有必要帮助孩子掌握交友的原则，通过一些方式了解孩子所交的朋友到底是怎样的人，以及孩子与朋友的一些活动，为孩子掌握方向，避免孩子因交友不慎而出现意想不到的后果。

细节88　正确对待竞争的优胜劣汰

竞争是人们以一定的手段，通过一定的方式，与同行或对手彼此较量、相互争胜以达到自己目的的社会活动。竞争已变成现代人的一种生活

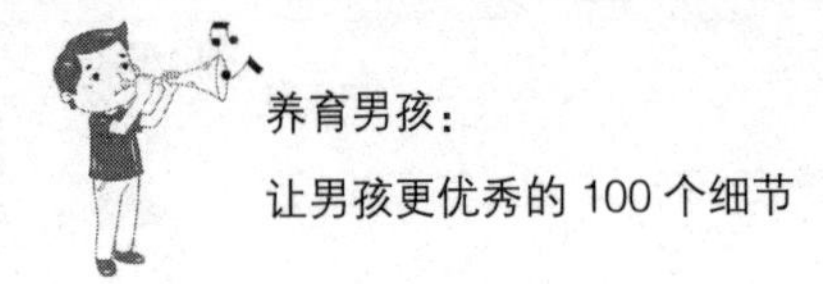

状态，既然竞争不可避免，就要有一个健康的心理来认识和面对竞争。

竞争本身包含的意义很丰富，它体现在生活的方方面面。几个孩子在一起玩有竞争，在学校学习有竞争，参加工作也有竞争。竞争的结果当然是优胜劣汰。人类本身就是自然界优胜劣汰的产物。

男孩在未来的学习和工作中肯定会遇到无数的竞争，明白优胜劣汰的自然法则，男孩才会以正确的心态去对待竞争中的胜与败。

两个人在森林里，遇到了一只老虎。A赶紧从背后取下一双更轻便的运动鞋换上。B急死了，骂道："你干吗呢，再换鞋也跑不过老虎啊！"A说："我只要跑得比你快就行了。"

这个故事很有讽刺意味，虽然未必真实，但它却告诉我们：优胜劣汰是一条无情的法则。竞争既可给我们带来成功的喜悦，也能让我们感受到失败的苦涩。要竞争，就意味着会遇到困难、挫折甚至失败。因此，男孩必须有良好的心理素质，做好面对成功、失败两手心理准备。

1.帮助男孩树立竞争意识

现在的孩子都是家庭中的宠儿，不少养成了唯我独尊的个性。而充满竞争的现代社会，要求人们具有较强的应变能力和竞争意识，否则很难在社会上立足。父母们得让孩子学会适应明天的竞争，成为生活的强者。

2.灌输男孩公平竞争的观念

培养孩子的竞争意识，就要让孩子靠自己的能力去参与竞争，不是靠父母的能力及父母创造的条件去竞争。教会孩子竞争并不是让孩子以胜利为目的而不择手段，这样只会让孩子失去周围人的认可和支持，这种胜利也只会给孩子带来人生的失败。父母在培养孩子竞争意识的同时，一定要灌输孩子公平竞争的观念。

3.赢得起，更要输得起

输赢乃常事，有人赢，就会有人输。面对竞争中的失败，男孩千万不要从此委靡不振，甚至一生留有阴影，这就是输不起的表现。男孩要面临竞争，就要学会面临挫折，要赢得起，更要输得起。男孩要从心理上放松，明白竞争是展示自身实力的机会，要用从容的心态看待超越和被超越，不应充满妒忌和愤懑；输赢乃平常之事，学会有风度地接受失败，并且诚心实意地祝福对手。在竞争中得到胜利固然值得骄傲，但和同伴之间团结协作的精神，也是现代生活中不可或缺的一种品质。

竞争是每一个人都必须面对的，只有正确的竞争意识和正确的胜负观，才是男孩应该学习、掌握并实践的。要想成为一个有出息的男孩，就要有不怕失败和挫折、屡败屡战的心理准备，就要能够经受住艰难困苦的考验，并能够认真总结经验，吸取教训，顽强拼搏。

细节89 男孩，别让浮躁毁了你

由于社会的快速发展，生活节奏的加快，生存压力的加大，使得人们的心态明显地浮躁起来，人们少了耐心，多了急躁；少了冷静，多了盲目；少了脚踏实地，多了急于求成。人们不断地强调一个“快”字，追求速度和捷径，追求急功近利，却忽略了耐心和等待，无论是大人还是孩子，都慢慢变得浮躁起来。

内心浮躁的人，往往在情绪上表现出心急气躁，尤其在与他人的攀比之中，更会表现得焦虑不安，行动上凸显出盲目性、冒险性；在个人奋斗过程中缺乏恒心与务实的精神，缺乏对自己未来发展的准确定位，容易失去自我，随波逐流，盲目行动……有些男孩因为性格的原因，做事很容易急躁。那么，如何消除孩子的浮躁心理，让男孩找到一片平静的净土呢？

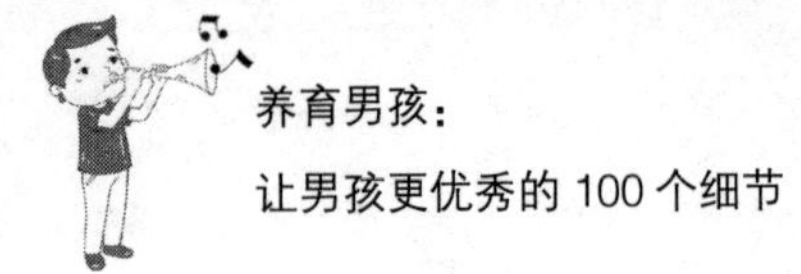

1.用细致磨炼认真的性格

认真是解决浮躁的关键。一般的父母都认为认真是一种态度，当孩子表现出粗心大意之时，父母往往对孩子说："下回认真点！"以为在下次考试的时候，孩子在心里会告诉自己："我要认真……"于是，就会认真起来了，并考出好成绩。但事实上，认真不仅是一种态度，还是一种能力，这种能力需要长期地培养，可以让孩子从事一些细致的工作，如学习写毛笔字等。当然，这需要父母的不断鼓励。当孩子具备了认真的能力时，能自觉地做到脚踏实地，浮躁自然就退后了。

2.转移法调节浮躁心理

当孩子在某件事上长期无法取得进展的时候，就会出现浮躁心理，这时，父母就要帮助孩子转移注意力，让孩子放下手中的事情，去从事一些自己喜欢的活动，如踢球、游玩等，这样能够有效地帮助孩子释放压力，消除心理疲劳，使大脑重新活跃起来，有利于问题的解决；还可以和孩子一起听听轻缓的音乐，看看文学类书籍，让孩子逐渐冷静下来，冷静的时候思考问题，往往会考虑得更全面，更容易找到问题的症结所在。

3.培养男孩的务实精神

教育孩子学习或做其他事，要正确地估计时间和自己的能力，要有务实精神；考虑问题应从现实出发，做一个实在的人，不可把目标定得太高；做事要一步一个脚印，坚持到底，看到并享受到每一步带来的成功和喜悦，不要企图一口吃个胖子。例如学英语，哪怕是每天认真记3个单词，都比前一天有了进步，孩子也应该为自己小小的进步感到高兴。

浮躁是一种负面情绪，是一种不可取的生活态度。只要孩子端正心态，"心存高远"而"脚踏实地"，就不会让浮躁毁了男孩自己。

细节90 跌倒不是失败，男孩要勇敢地站起来

有人说：“对于我们来说，最大的荣幸就是每个人都失败过；而且当我们跌倒时，都能爬起来。”一般情况下，跌倒后有两种选择，一是跌倒后在路上永远不再起来；二是在哪里跌倒就在哪里站起来，继续向前赶路。人生路上不管跌倒多少次，选择爬起来，就不会被击垮。这一点，对于教育孩子勇敢地面对失败很重要。

1.暂时的挫折并不是人生的失败

在生活中，每个人都希望走一条平坦的路，但人生不可能是一帆风顺的，没有人能永远成功。有成功，也就有失败，有顺境，也就有逆境。对于挫折，有人说，它是人人有份的“快餐”，即在学习和生活中，随时都可能遇到各种困难和失败，甚至遭受不幸。面对这些挫折的时候，有的人就此在人生上画了句号，而更多的人则选择了站起来。暂时的失败绝不是人生的终结，它只是人生历程中的一个小插曲。在孩子的成长过程中，不遭受挫折是不可能的，关键是孩子对待挫折的态度。父母应该让孩子知道，挫折会让他学到更多。

2.正确地认识挫折的原因

摔了跟头之后，最重要的是要弄明白为什么摔倒，找到了原因，才能对症下药，这是失败给我们带来的最好礼物。一般来说，挫折、失败有主观和客观两方面的原因。主观原因可能是孩子自己的轻视或者意志力不坚定等；客观原因则可能是家庭或者父母自身的一些问题所导致。父母要帮助孩子加以分析，问题在父母身上时，一定不要为了面子而搪塞，甚至恼羞成怒地责怪孩子，只有勇于承担的父母才能培养出勇于承担的孩子。

3.有勇气承担的人生才精彩

挫折对不同的人有不同的意义，法国大作家巴尔扎克说过：“苦难对

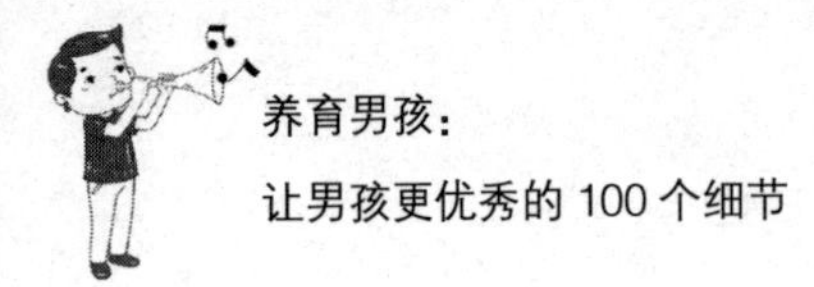

天才是一块垫脚石，对能干的人是一笔财富，对弱者则是万丈深渊。”只有鼓足勇气面对挫折和失败，男孩才能够承担起挫折的打击，才能够笑对挫折，将挫折踩在脚下，将挫折变成自己人生进步的阶梯。

牛顿小时候很聪明，但读书并不用心，老师和同学都说他是一个笨孩子。有一次，牛顿做了一架小风车带到学校。有一个学习很好的同学问牛顿：“你知道小风车为什么会转吗？”牛顿回答不上来，那位同学嘲笑牛顿：“哼！说不出来吧，可怜！自己做的东西自己讲不出原理，说明你只不过和木匠一样！”牛顿感到无地自容。同学们都叫他木匠，小风车也被打烂。牛顿心里很难过，但他下定决心：一定要把功课学好。从此，牛顿奋起直追，没过多久，他的学习成绩就赶上来了，成为班里的优秀生。

适度的挫折有利于孩子的勇敢精神的培养。那些从没有遇到过挫折的人，在失败面前很容易手足无措，退缩不前。有时，父母习惯于帮助孩子解决一切困难，从而使得孩子找不到跌倒后重新站起来的勇气，不敢面对挫折。所以，不要让孩子总是躲在父母的身后，适当地“碰壁”对孩子的成长是有益的。当然，挫折太多也会使孩子丧失志气。

跌倒并不代表失败，跌倒了不站起来才是失败；也只有在跌倒后勇敢地站起来的男孩，才更有出息。

细节91 男儿有泪可以轻弹

哭泣不仅仅可以发泄出胸中的郁闷，还可以排泄出积攒在身体内部的很多毒素，对人的健康有很大的好处。人人都会哭泣，从降生之时起，人就已经通过哭声向世界宣告了自己的到来，哭泣是生命赋予每个人的权利。

1.哭泣可以缓解压力

哭对缓解情绪压力是有益的。研究发现，健康人群哭的次数比患病人群多，而且哭后会自我感觉较之哭前好了许多。人们因情绪压抑，会产生某些对人体有害的生物活性物质。而人们哭泣时，这些有害的化学成分便会随着泪液排出体外，从而有效地降低了有害物质的浓度，也缓解了人们的紧张情绪。

2.男儿并不是没有眼泪

俗语说“男子汉大丈夫流血不流泪”“男儿有泪不轻弹”。于是在人们的观念中，男儿是不可以哭泣的，流泪成了女人的专利。女孩爱流泪、爱哭都让人觉得很正常，而男孩如果流泪的话，一定会被认为不是男子汉。在这种观念的暗示下，为表示自己的刚强、坚毅，男孩往往将情感深深地埋在心底，而很少流泪，至少是不当众流泪。

3.不要贬低男孩的眼泪

父母常常会从成人的角度出发，认为男孩所哭泣的原因非常可笑，为了这种事情而流泪是不值得的。这不仅不能给孩子正面的影响，反而会扭曲孩子的天性，使孩子陷入一种呆滞的冷漠之中。因此，父母绝不能从自身的角度否定或嘲笑孩子的哭泣，而要充分地理解和宽容孩子。

4.让男孩知道眼泪不是软弱

许多时候，父母会教育男孩“男儿有泪不轻弹”，为了塑造男孩的坚强性格，往往不让男孩哭泣，甚至对男孩的“软弱”大加斥责。这样做其实是减少了男孩在父母等人面前的情绪发泄，正所谓“眼泪肚里流”，这样一来会对孩子的心理发展造成很大的负面影响。所以，父母不要过分强调眼泪就是软弱，而要帮助孩子找到所遇到挫折的原因，找到解决问题的办法，这才是让孩子拥有自信，避免下次再流泪的关键。

5.给男孩哭泣和发泄的机会

很多父母忽略了孩子的情感教育，不注意了解孩子的内心世界，一些男孩心中有了忧郁的情绪，也得不到和父母正常沟通或发泄的机会。时间长了，负面情绪淤积于心，容易使孩子更加烦恼和忧郁。也有孩子会选择其他方式去发泄自己，如和他人打架、上网玩游戏等。

还给男孩哭泣的权力，为男孩营造哭泣的安全港，让男孩的眼泪不再是压抑的毒药。父母要多和孩子沟通，多倾听孩子的心声，母亲温暖的怀抱和父亲坚实的臂膀都是孩子可以依靠的地方。

细节92 磨炼男孩承受挫折和压力的能力

苏联伟大教育实践家苏霍姆林斯基认为：“必须让小孩子知道生活里有一个困难的字眼，这个字眼是跟劳动、流汗、手上磨出老茧分不开的，这样他们才会提高耐挫能力。”既然遭遇挫折是人生必经的坎儿，我们就必须教孩子学会接受挫折。与其一辈子替孩子遮风挡雨，不如让孩子自己去面对人生中的风雨，开创自己的人生之路。

1.父母要学会向孩子说“不”

父母不要轻易地满足孩子的某一需求，因为过度的满足难以培养孩子的心理承受力，也难以培养孩子克服困难的能力，只会使孩子感到生活中没有什么可努力可追求的，并养成处处以自我为中心的习惯，不愿受外部条件的约束，一旦不能如愿，便会承受不起。

没有挫折的教育是不完整的教育，孩子没有经历挫折会变得很脆弱。父母们要学会向孩子说“不”，要善于抓住机会让孩子去体验挫折、承担责任，要让孩子的生活中有禁区，他们犯了错误要受到惩罚，要让孩子懂得有些规则是不可动摇的，有过失是要自己承担后果的。

2.教给男孩战胜“压力”和“挫折”的方法

压力和挫折并不可怕，可怕的是一遇到压力就一蹶不振，受到一点儿挫折就手足无措、无所适从。父母们应该教给孩子一些方法，让孩子学会转移自己的注意力，分散压力，把挫折转化成动力。如让孩子学会倾诉，不要把痛苦闷在心里，这样就可以减轻挫折感；让孩子适当做一些健康的户外活动，跑步、打球、骑车、游泳等，都可以释放一些心理压力。

正确地引导孩子战胜挫折和压力，并把挫折和压力变成动力，那么，孩子的人生之路才能走得更远。所以，从家庭教育中，父母们要特别重视磨炼孩子承受挫折和压力的能力，别让挫折和压力成为男孩成功的绊脚石，而要让挫折和压力成为男孩成长的磨刀石。

第十章

男孩健康成长离不开好环境

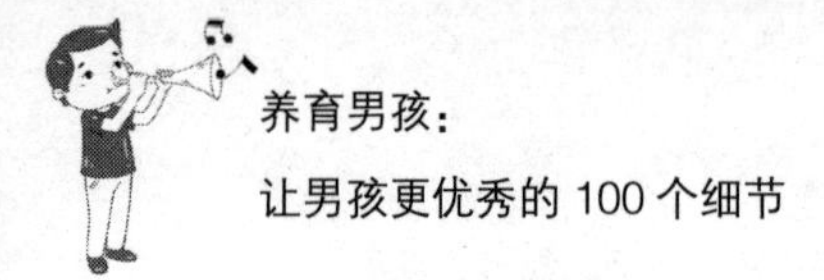

细节93 学校是男孩健康成长的第二个家

孩子的成长在很大程度上会受到环境的影响。概括地说，影响孩子健康成长的环境因素主要有家庭、学校和社会三个方面。而其中学校又因为可以积极主动地对各种影响孩子身心发展的因素进行选择、重组，发挥了一种主导作用，因此成为一种重要的因素。孩子在步入社会之前的一半时间里是在学校里度过的，可以毫不犹豫地说学校是孩子的第二个家。教化之本，出自学校，男孩不仅在学校学习知识，还会学习为人处世的道理，良好的学校环境对男孩的成长有着深刻的影响。男孩因为心智成熟比较晚，对于学校所带来的各种影响十分敏感，由此产生的各种变化也很突出。所以，父母们一定要高度关注学校环境对孩子的影响。

1.慎重地为男孩选择学校

我们成年人结婚成家之所以要慎重，是因为这是能够影响我们一生的事情。学校是孩子学习和成长的地方，也会影响孩子的一生，所以，父母们一定要慎重地为孩子选择良好的学校环境。就今天的学校而言，为孩子选择学校时不仅要看教学质量，更要看学校教师的职业素养，学校的教学理念等。

多年前，当几十位诺贝尔奖得主聚会时，记者问一位荣获诺贝尔奖的科学家：“请问您在哪所大学学到您认为最重要的东西？”这位科学家平静地说：“在幼儿园。”“在幼儿园学到什么？”“学到把自己的东西分一半给小伙伴；不是自己的东西不要拿；东西要放整齐；吃饭前要洗手；做错事要表示歉意；午饭后要休息；要仔细观察大自然。”

这位科学家出人意料的回答，直接明了地阐述了儿时对他影响最大的幼儿园教育。正因为在幼儿园里养成了良好的学习和生活习惯，才使得这位科学家登上了最高的领奖台。

2.引导孩子处理好和老师、同学的关系

孩子到学校，走进了老师和同学这个集体，如何处理好和老师、同学之间的关系，这对孩子成长的影响是很大的。“师徒如父子”，学校是男孩健康成长的第二个家，那么老师就是男孩的“第二父母”，可见，处理好师生关系的重要性。父母要教育孩子，尊重老师，尊重老师的劳动，虚心求教，正确对待老师的过失，犯了错误要勇于承认，及时改正，认真向老师学习。不能因为不喜欢个别老师，就不喜欢他所教的课。处理好和老师的关系，既可以促进学习，又可以学到很多做人的道理，对自己的学业会有很大的帮助，会使男孩自己一生受益无穷。

团结同学，把自己融入同学们中，这也是培养孩子走上社会与人相处能力的开始。良好的同学关系有赖于互相了解，要达到互相之间彼此了解，就要加强交流，在思想和态度方面加强沟通，课余时间多参加一些活动，如打球、下棋、郊游等，增进同学间友谊。要学会关心他人、宽容别人、完善自我，这样和同学的关系才能更加融洽。

当然，父母也应该教育男孩尽量避免去跟那种素质低下的人接触，远离学校中所谓的“帮派”。毕竟孩子常和有不良行为的孩子来往，他们品行上的坏毛病会很容易传染给孩子，一些男孩也因此从别的孩子身上学会粗俗的言词、诡计和恶习，这不仅对男孩的健康成长不利，甚至会影响孩子的一生。

细节94 攻击性强的男孩是由于缺乏拥抱

儿童问题研究工作者指出，一些攻击性强的男孩往往是因为缺乏温暖的怀抱，才使性格中残酷、暴戾的一面凸显出来。

我们说男孩要勇敢、自信，绝不是说男孩不加分辨的攻击性。男孩因为精力的旺盛而更具有发泄的欲望，而良好、温馨的生活环境能够为孩子的精力找到合理的出口，转化和软化男孩的攻击性。

攻击行为是一种因为欲望得不到满足，而采取有害他人、毁坏物品的行为。男孩的攻击行为常表现为骂人、打人、抢别人的东西等。这种行为一般在3～6岁出现第一个高峰，10～11岁出现第二个高峰。而男孩尤其以暴力攻击居多，攻击行为会妨碍孩子的成长，如果这种行为没有被化解和扭转，而延续至青年和成年，男孩就会出现人际关系紧张、社交困难，甚至与犯罪有一定关联。因此，如果男孩经常出现攻击性较强的行为时，父母切不可掉以轻心，必须及早予以矫治。

1.身体接触的妙处

触觉是人体很重要的传达情感的纽带。带有爱意的身体接触，尤其是拥抱，对于一个人来说是非常重要的生命体验。父母的拥抱、爱抚，对男孩心理的健康发育有着非常重要的作用。

2.打开父母的心扉，走进孩子的内心世界

在很多时候，有些父母并不真正了解孩子的心理、感受，这样父母与孩子相互之间就没有真正的沟通、交流。父母要转变仅为孩子提供物质条件就可以的错误想法，要将孩子养大成人，更重要的是父母要塑造孩子的健康人格。父母要打开自己的心扉，走进孩子的内心世界。父母要了解孩子的想法，不轻易地否定孩子，尤其在孩子做得正确的时候，更要给予温馨、有力的拥抱，这样一个拥抱比任何物质奖励都要深入孩子的心。

3.不可用暴力对待攻击性强的男孩

当孩子的表现不如父母意的时候，父母经常会很生气，并且使用一些暴力的手段来加以制止，这样做会给孩子一种认知——如果别人做得不对，就可以打他。孩子的模仿力是很强的，实际上孩子的很多不良行为和习惯都是从周围的生活环境如父母、同伴、电视中等模仿而来的。

印度文豪泰戈尔曾说："被妈妈亲爱的手臂拥抱着，其甜美远胜于自由。"父母的自然抚爱，一个充满爱意的眼神，一个温暖的、坚强有力的拥抱，都能使成长中的男孩从心理上获得安全感，从而健康成长。

细节95 重视与男孩的非语言交流

非语言交流是以人体语言作为载体，即通过人的眼神、表情、动作和空间距离等来进行人与人之间的信息交流。为什么非语言的交流对于家庭教育如此重要呢？研究表明，在面对面的交流中，55%的情感内容是由非语言暗示的，比如面部表情、姿势、手势、体态、眼神等；38%的内容由声调表达，只有7%的内容是用语言说出来的。非语言交流因其更能够表达个人内心的真实感受，更能恰到好处地表达个人难以用语言表达的情感、情绪及感觉，而深受人们的欢迎。

非语言交流的频繁使用和丰富的表现力，使我们不得不重视它的作用。很多时候，由于年龄的差距等原因，父母始终会感觉与孩子之间存在距离，而男孩因为个性独立，也害羞于过多表达自己的情感，那么如何拉近父母与孩子之间的距离，成了父母非常头疼的问题。

李妈妈和刘妈妈在大学时是非常要好的同班同学。一年寒假，李妈妈带着自己的儿子到同学家去做客，刘妈妈家里也有一个男孩，两个孩子年

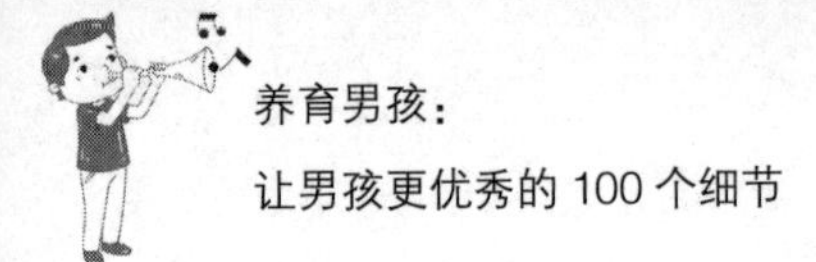

龄相仿。

通过交谈，李妈妈知道，男孩在本市最好的中学读书，而且期末考试在班里考了第一名。

李妈妈听了男孩的话，什么也没说，回过头来，意味深长地看了自己的儿子一眼。因为李妈妈的儿子在一所很普通的中学上初三，而且因为不用功，学习成绩很一般。但是妈妈什么也没有对儿子说，只是在和同学聊天时一直不在状态，吃饭的时候也有些闷闷不乐，显得就像有什么心事似的。在要好的同学家，自己不该煞风景，可是李妈妈又高兴不起来。然而，李妈妈自始至终没有和同学提孩子学习的事。她想，自己儿子比人家儿子差太远了，再当着儿子的面谈学习，儿子会很没面子，会伤害儿子的自尊。

李妈妈不提学习的事，儿子却有了想法，他很感谢妈妈留给他尊严。男孩想："这样不行，我也是个男人！不能这么窝囊！"男孩下定决心，好好学习。果真，当年中考，男孩以理想的成绩考进了师大附中，之后又考进了自己理想的清华大学。

一个眼神就是一次很有效的心灵沟通。在孩子不喜欢父母的教训和唠叨时，父母一定要注意自己的沟通方式，或通过眼神、肢体语言等来表达自己的想法，让孩子心平气和地接受。

1.适当地注视孩子

目光是面部表情中非常重要的部分，目光的接触通常是希望交流的信号，表示尊重并愿意倾听对方的讲述。在与孩子的交谈中运用目光接触技巧时，要注意视线的方向和注视时间的长短。一般情况下，目光大体在对方的嘴、头顶和脸颊的两侧这个范围活动为好，并且表情要轻松自然；其次是眼神，恰当地运用眼神，可以使孩子感到自己被重视、被尊重。

2.拍拍肩头让男孩感到父母给予的力量

在社会定位中，男孩子往往被赋予了更多的责任，这就尤其需要父母帮助培养孩子的责任心，而肩膀实际上代表了男孩在未来承担一切的力量，是男孩获得自信的一种重要方式。当孩子做了让父母感到高兴的事情时，或者孩子正在为自己的所作所为而得意的时候，父母，尤其是父亲，不妨拍拍孩子的肩膀，让孩子领会父母的意思，明白父母对自己的鼓励和赞赏。当然，如果孩子遇到挫折时，父母轻轻地拍拍他的肩膀，往往能够带给他更大的精神鼓励。拍肩膀往往可以起到“此时无声胜有声”的作用，让男孩的情感得到安抚，让男孩得到积极向上的力量。

3.小细节表现出真切的关爱

非语言交流过程中，有许多小细节都是要注意的，比如，与孩子的距离，如果离孩子太近、太远或者不恰当地拍打孩子的身体，都会使孩子感到不舒服；体态和姿势，体态是父母与孩子的情感交流中一个重要的内容，太随便或太懒散的姿势，通常都代表着不尊重和不感兴趣等，注意这些小细节会使亲子间的沟通效果更好。

父母善用非语言交流，出自真心的，充满爱意地去和男孩沟通，让男孩深深地感受到父母的爱和力量，从而更加努力地奋发向上。

细节96 “近墨者黑”，男孩要慎交朋友

“同门曰朋，同志曰友。朋友聚居，讲习道义。”朋友应该是能够志同道合、讲习道义、共同进步的人。交上一个好朋友，就等于拥有一笔宝贵的财富，交上一个不良的朋友，则会影响男孩的一生。

美国政治家杰里米·泰勒也说：“友谊是我们哀伤时的缓和剂，激情

的舒解剂，是我们的压力的流泄口，我们灾难时的庇护所，是我们犹疑时的商议者，是我们脑子的清新剂，我们思想的散发口，也是我们沉思的锻炼和改进。”

“近朱者赤”，交上一个好朋友，就会得到一份纯真的友谊，这份友谊能够陪伴孩子的一生，并推动孩子人生的发展；“近墨者黑”，交上一个品性不良的朋友，有可能使自己成为一个不良者，一个糟糕的朋友不仅不会激发孩子奋发向上，反倒会把孩子引入歧途，会在孩子人生的路上绊倒孩子。

父母不可忽视男孩的交友问题，更不能讳疾忌医，不能因为害怕来自外界的不良影响就阻止孩子交友，而要在孩子的交友问题上多费心，教会孩子慎重交友以及如何交友。

1.关注亲戚家的孩子

孩子最早接触到的朋友并不是来自外部的陌生环境，而是亲戚家同辈的兄弟姐妹，因为亲戚的关系，这些孩子在一起接触的时间会相对较多，相互影响也会很大。父母不要因为是自己亲戚的孩子，就完全放心地对这些孩子的接触不加管理。毕竟家庭教育有所差异，亲戚的孩子也会有一些不良的习惯，如不讲卫生、对长辈不尊敬等，所以父母要关注亲戚中孩子间的往来，一旦发现孩子有不良的行为，一定要及时制止。

2.关注孩子学校的同学

孩子在学校时，除了受老师的影响外，更多的是受同学的影响。孩子的同学来自更大范围的家庭环境，更加良莠不齐，但孩子的朋友也最多的来自这一部分人群。所以父母一定要对孩子经常来往的同学有所考察，如果发现与男孩密切交往的同学品性不良，一定要告诫孩子注意往来。在这一过程中，父母要注意不能过于武断，要对孩子讲明道理，教会孩子分辨是非和良莠，过于激进、独裁的方式只会引起孩子的叛逆，最后适得其反。

3.关注居住地附近的朋友

如今的住宅社区，由于其相对封闭性的特点，导致邻里之间很陌生，甚至有许多邻居都来自全国各地，有的甚至都不相互认识。尽管如此，小区里同龄的孩子也会在一起玩耍，男孩还是能够在邻居之间交到朋友，但父母要注意孩子交往的这些朋友是否能够让孩子得到良性的熏陶。

4.提高孩子的“免疫力”

提高孩子的“免疫力”，这一点应该说是最重要的。如果男孩的自制力特别强，即使周围有很多品性不好的人，男孩也不会受其影响而变坏。

有一个小男孩是个孤儿，由于经常受人欺负，性格变得有些怪异。许多父母都告诉自己的孩子不要和他在一起玩，但是有一个小男孩却一如既往地和小伙伴一起上下学，一起玩耍。有一位好心的邻居提醒他，小心被那个男孩带坏。小男孩却说：“如果我是好人，我不怕别人教我学坏，因为好人是不会学坏的。”果真，没过多久，那个孤儿脸上的笑容多了起来，性格也变得更加温和。两个男孩成了无话不说的好朋友。

男孩交朋友一定要谨慎，不是所有的人都值得孩子交往，也不是所有的人都不能交往，父母们要睁大双眼，为孩子把握好交友的准则和方向。

细节97　远离污浊的非法网络环境

如今网络信息已经非常发达，网络的大容量、互动性、隐秘性、易检索的特点深受孩子们的喜爱，许多孩子利用网络来浏览自己关心的问题。网络为扩大孩子的信息量、提高学习兴趣、促进思维的发展，提供了强有力的帮助。但在给人们生活、学习带来便利的同时，网络也给人们带来了许多负面的影响。

网络对孩子们在道德领域以及行为规范方面产生的新问题，不得不引起社会、父母，尤其是教育工作者的注意。

日前有调查数据表明，在参与调查的三千名中国大中学生中，只有近三成的学生在回答上网目的时选择“搜索信息”和“下载软件”，另有35%的人选择玩游戏，曾光顾色情网站的占46%，76%的学生网民沉迷于聊天室。有些中学生为了能够上网而撒谎，不吃、不喝、不睡、不上学，甚至为上网做出违法犯罪的事。这不仅影响了孩子们的学习，而且不利于孩子的生理发育和心理健康，与我们的素质教育目标也相背离。

某师范大学一次就勒令13名学生退学，34名学生降级学习。其中，绝大多数学生成绩太差都是因为上网玩游戏所导致。

沉迷网络游戏的15岁少年小陆，为购买装备和打游戏欠下7.7万元高利贷，结果天天被人追着讨债，而不敢去学校、回家。这不仅让他失去了上学的机会，更让他的父母伤心欲绝。

孩子们过多地沉溺于网络，使父母在教育孩子的过程中无不感到迷茫和无措。

网络在给我们带来种种便利的同时，也带来了不少弊端。网络经济的迅速发展，给不法分子带来了可钻的空子，这些人为了自身的利益不断在网络上传播色情、暴力等不健康信息。网络的隐蔽性又使孩子很方便就可以接触到这些不良信息，这对孩子们的思想健康危害是很大的。

小齐因为家里能够上网，很快就沉迷其中。父母发现后，极力阻止小齐接触网络，甚至采取了一些粗暴的手段。但适得其反的是，小齐并没有因此远离网络，反而转向了网吧。在网吧的杂乱环境中，小齐在没有父母的控制和唠叨下，接触了一些暴力的网络游戏和网站。没有钱去网吧时，小齐先是偷家里的钱，后又抢劫低年级同学的钱来上网，结果小小年纪就受到了法律的制裁。

网络是一个无限宽广的虚拟世界，孩子们可以戴着面具沉溺在完美的虚拟的世界中。然而，一个恶行累累的人在网络中也会披上华丽的外衣；一个粗俗丑陋不堪的人也会把自己“打扮”成英俊潇洒的绅士或妩媚的淑女。孩子的心智尚不算成熟，对是非的判断还不是很准确，因此更容易迷失在网络的虚拟世界里，甚至无法自拔而上当受骗。

当然，网络所带来的不仅仅是思想上的无形伤害，对于许多孩子的身心健康也会造成不可忽视的伤害。有的孩子由于连续上网时间过长，造成下身瘫痪、不能动弹，严重的还会昏迷、休克甚至猝死。由于电脑的辐射，孩子长时间地坐在电脑前不活动，极容易造成种种难以预料的身体伤害。

网络所带来的好处和弊端，父母们也都知道，但最重要的是不知道如何让自家的男孩远离污浊的非法网络。

1.重视家庭教育

父母要对孩子上网进行正确引导，培养他们正确的娱乐观念和娱乐方式，帮助孩子建立良好的兴趣。要经常了解孩子的上网情况，掌握孩子上网的内容，控制好孩子在网上花费的时间，教导孩子处理好学习和上网的关系。

2.教会孩子正确上网

孩子上网是不可避免的，所以父母在最开始要对孩子上网进行正确的引导，千万不可以和孩子因上网而陷入完全对立的局面。要让孩子知道，怎样正确地使用网络，学到各种有用的知识；对孩子的上网进行疏导，为孩子提供有益的学习网站，增加孩子的学习乐趣，激起孩子的学习欲望。

3.必要时严格控制上网时间

对孩子的上网时间父母还是要加以控制的，这不仅是出于对非法网络环境的避免，更是对孩子身心健康负责任的表现。对孩子的上网管理可以

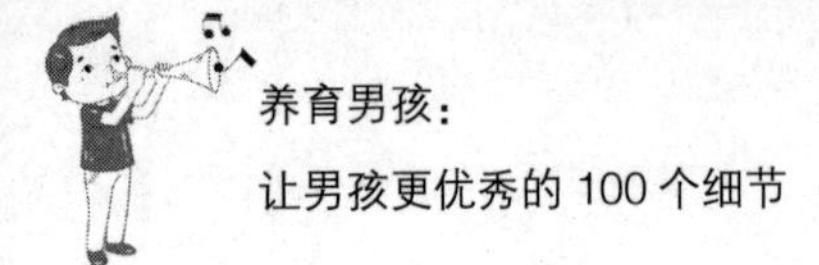

采取比较宽松的方式，但也要有严格规定，比如作业要及时完成，认真吃饭，注意体育活动和锻炼，其余时间可以选择上网，但时间长短也要有所约束，比如每次上网一小时要起来活动一下身体，眼睛向窗外远处望一望等。

4.与老师等联合管理

有的孩子借上学为幌子，偷偷跑到网吧上网，而父母却通常在几天后才知道，这就是父母与学校老师之间的沟通不够。所以，父母发现孩子有异常的时候，一定要及时与老师沟通，共同制订出针对性管理方案，让孩子能够远离非法的网络环境。

非法网络环境是一个泥潭，更是深不见底的沼泽，一旦陷进去往往就是踏上一条不归路。孩子只有远离这样的环境，才能快乐健康地成长。

细节98 母亲的呵护不会让男孩变得软弱

在对男孩的教育过程中，有一些父母会考虑母亲的呵护会不会让男孩变得软弱，会不会让男孩成长得太女性化。其实，无论是男孩还是女孩，都是需要母爱的，尤其是男孩。如果教育得当，母亲的呵护不仅不会让男孩变得软弱，反而会让男孩成长为一个真正的人见人爱的男子汉。面对世人的质疑，母亲们该怎么做呢?

1.给男孩“保护母亲”的机会

男孩本来应该是保护别人的，但是现在却有很多男孩需要被别人保护，他们已经被家庭的“爱”淹没了。要想把儿子培养成为适应未来社会的男子汉，当妈妈的如何表现显得至关重要。如果母亲表现得过于能干、刚强，男孩就会变得软弱；相反，如果母亲表现得柔弱一些，会令男孩子坚强起来，并意识到自己有保护弱者、保护母亲的责任。

有一天，大伟和妈妈走夜路，妈妈看出大伟有些害怕，便跟大伟说：“大伟，妈妈是女人，天生胆子小，晚上走在路上会很害怕，大伟是男人，什么都不怕，你愿意保护妈妈吗？”大伟尽管心里也很害怕，但还是挺起胸脯说：“妈妈，来，拉紧我的手，我一定好好保护你！因为我是男人！”

2.母爱=关爱+放手

母亲对孩子的爱绝不仅仅是单纯的在生活上给予孩子的照顾，更多的是精神上对孩子的支持，越是深爱孩子的母亲，越会相信孩子，在精神上支持孩子。男孩的母亲尤为如此，爱他们，就应该给他们足够的自信。

妈妈结婚16年才有了杰克·韦尔奇。可韦尔奇有口吃的毛病，如果是一般不够明智的妈妈，很可能非常宠爱孩子，或者让孩子为这个缺陷而感到自卑。但杰克·韦尔奇的妈妈却没有这样，她把孩子的缺陷变成一种激励。她告诉孩子这算不了什么缺陷：“你有点口吃，正说明了你聪明爱动脑，想的比说的快些罢了。”这句话无疑给孩子带来了极大的自信。

杰克·韦尔奇的中学成绩应该可以进入美国最好的大学，但结果却事与愿违，只能进麻州大学。开始他感到非常沮丧，不想上大学，来年再考。但妈妈却鼓励他就上麻州大学，并告诉他，在那里，你一定是顶尖的学生。杰克·韦尔奇进入大学不久，原先的沮丧变成了庆幸。他说：“如果当时我选择了麻省理工学院，那我就会因为入学成绩较差，而被昔日的伙伴们打压，永远没有出头的一天，然而这所较小的州立大学，让我获得了许多自信。事实证明，妈妈让我进麻州大学是对的。”后来，杰克·韦尔奇果然成了麻州大学最顶尖的学生。

杰克·韦尔奇没有因为自己是富裕家庭的独生子而不去锻炼自己，略带口吃的毛病并没有阻碍杰克·韦尔奇的发展，影响他的自信。自信使得杰克·韦尔奇成为美国通用电气公司的董事长，在商界竟取得了辉煌的成就。而这所有的一切无不缘于他有一位睿智的母亲，这位母亲不仅给了韦尔奇宝贵的生命，还给了他智慧及获得成功的自信和勇气。

3.巧妙应对男孩对母亲呵护的排斥

男孩由于自身性别的原因，往往会对母亲的呵护有一种排斥和抗拒的心理，尤其是在青春期，男孩子身体、心理发生变化之后，对母亲呵护的排斥会表现得更加明显。当这种情况发生时，母亲们不能过于急切地想恢复以前较为密切的亲子关系，而应转变方法，如不再以高高在上的母亲姿态“凌空播撒”母爱，而是接受孩子的思想，与孩子在平等的基础上建立一种“朋友”关系，以此来传递母爱等。

母亲的呵护是男孩子成长过程中必不可少的养料，所以一定不要让母爱变成溺爱，变成让男孩软弱的催化剂，而要让男孩真正感受到这份爱的力量，最终在这份爱的呵护下变得坚强而有出息。

细节99　父亲的阳刚是男孩成长的榜样

在美国有一句俗语：“一个父亲胜过一百个老师。”对于男孩的成长来说，父亲的位置是不中缺少的，要想让男孩为你“争气”，作为父亲的你首先要做到让男孩为拥有你这样一个父亲而感到自豪。

在一个家庭中，父亲的作用别人是替代不了的。如果父亲没有扮演好自己的角色，可能会导致孩子性格上的缺陷。父亲向男孩提供了男性的一个基本模式，是孩子正确认识自己性别角色和怎样与异性接触的第一任老师。男孩往往会把自己的父亲看作是将来发展自己男性特征的“楷模”，父亲的阳刚之气，对男孩气质的形成更是有着深刻的影响。如果父亲的作用被削弱，孩子就很难真正独立，并走出健康的人生道路。

1.父亲是男孩性别角色的第一任老师

在成长过程中，男孩大都会以父亲为目标。一个好父亲不仅能够成为男孩的良师益友，还会成为男孩心目中的楷模。男孩受父亲的影响很多，父亲的一言一行，男孩都会不由自主地去学习和模仿。

一个幼儿园的老师把孩子们的餐具都洗好时，一个小男孩正好在她身边，老师让这个男孩帮助整理餐具，没想到却遭到了他的严词拒绝。他一本正经地对老师说："不，我不能帮你做这些事情，因为这些事情是女人做的，我爸爸从来都不做这些事情。"

这就是父亲的作用。一个刚刚有了性别意识的小男孩，就已经在模仿父亲的行为，他不自觉地把父亲当成了自己的榜样。

2.父亲是男孩阳刚之气的引路人

在现代社会，照顾孩子的工作主要由女性来承担，幼儿园以女教师为主，学校也是女老师居多。女性培养的结果，往往会使一些男孩因此失去阳刚之气，甚至比女孩还女孩。因此，在男孩子三四岁有性别意识萌芽时，父亲有意识地培养孩子的男子汉气质是很有必要的。

一般情况下，父亲是一个意志力非常坚强的人，而母亲对事物的变化感觉很敏锐，孩子在家里和父亲在一起的机会越多，时间越长，智力也就越发达。从小由爸爸和妈妈共同带大的孩子智商相对较高、精力旺盛、善交际、学习成绩好，充满男子汉气概。

不少研究都发现：与父亲接触较多的男孩，在体质、运动能力、心理素质等方面都优于那些与父亲接触较少的男孩，而父母共同培养的孩子，也都会较多地继承父母的优点，充满阳刚之气，成为阳光帅气的真正的男子汉。

3.好父亲让男孩感到骄傲

在日常生活中，有的父亲总喜欢对男孩说："爸爸这辈子就这样了，

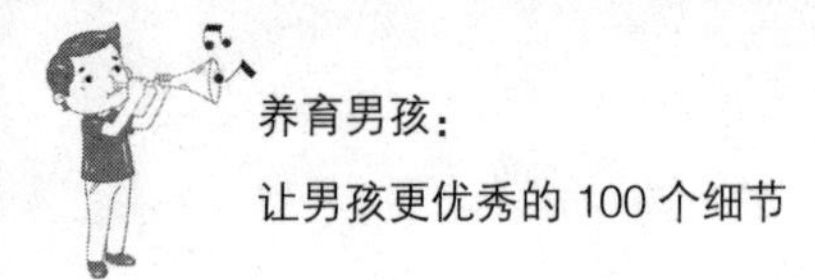

今后爸爸就指望你了，你可要给爸爸争气啊！”其实，这样的爸爸在向男孩传递一个信息：男人是我这样的。殊不知，你已经把关于男人的负面东西给了你的男孩。所以，做父亲，一定要不断完善自己，在男孩面前呈现一个有追求、有能力、有责任感的男人。要让男孩为你“争气”，你首先要做到让男孩为拥有你这样一个父亲而感到自豪。

4.做慈父更要做严父

我们常说“严父”和“慈父”，其实这两个称呼并不是矛盾的。一方面父亲要树立自己的威严和权威，让孩子的成长有所参照和依靠，但要明确的是，并不是如许多中国父亲那样，将“严”字理解为冷峻和打骂，于是对男孩总是以批判者的姿态出现，板起面孔教训，即使心中有爱或满意，也大都不会去表达，更少有拥抱。另一方面，也绝不能将“慈”字理解为娇宠和溺爱，虽然男孩也需要肌肤接触来建立安全感和亲密感，父亲应该经常对男孩微笑、拥抱、表扬和鼓励，但也要分清“慈”的界限，绝不能不分好坏的一概包容和姑息，发现男孩的缺点一定要及时帮助孩子改正。一个完美的父亲就应该是“慈”中有“严”，“严”中有“慈”。只有把握好这个度，才能更利于男孩的健康成长。

细节100 温馨的家庭氛围让男孩更幸福

一个作家曾说：“你要尽其所能把你的家庭造成一个生活中心，在这里面，一切良好的事物都会被抚育起来；在这里面，你的忠诚、热望、同情，以及整个你生命中高贵的东西，会被发扬光大起来。”父母是孩子的第一任教师，家庭环境作为第一课堂，是孩子们接受教育最早、最深、最广的场所。家庭教育，特别是早期教育，在培养孩子德、智、体、美、劳等诸多方面都起着学校教育和社会教育所难以达到的“奠基”作用。家庭是孩子人生起步的基础。

孩子良好的个性和智力的发展，不仅需要从母亲那里接受影响，同时也需要接受父亲的引导，使孩子既感受到母亲的温情，又能体验到父亲的威严。在家庭教育中，只有父母之间的感情真挚而和谐，才会让孩子真正体会到家庭的温暖，让孩子相信这世间的亲情、爱情，让他们有追求这些情感的动力，让孩子知道什么是幸福。反之，孩子会变得对情感产生消极认识，不相信真挚的感情，甚至变得愤世嫉俗。为了让男孩健康地成长，自然需要夫妻双方共同努力才能完成。

1.促进家庭的和睦

温馨的家庭环境主要依靠父母的努力，依靠父母之间的关系和睦。因此，父母之间一定要相互信任、关怀体贴、相亲相爱，这样的环境不仅能使孩子生活在安全、幸福、温暖之中，还会使他们对生活充满希望，养成尊敬、理解、信任、关怀、自信、乐观等良好的个性品质，为人生发展打下最坚实的基础。相反，如果父母长期不和，经常发生情感冲突甚至最终离异，会使孩子的情绪、情感受到伤害，容易形成抑郁、焦虑、自卑、孤僻等消极心理。

2.树立民主、平等意识

家庭教育中，平等意识是营建民主和谐氛围的基础。首先，父母应摆脱“老子怎样管儿子都是应当的”传统父母的作风；要明确孩子不仅是自己的骨肉，更是一个独立的社会成员，他有自主意志，有自己的思想，他有得到父母尊重的强烈心理需求。其次，父母应先调整好心态，树立平等意识，以民主、平等的态度对待孩子。这样孩子也会由对父母的“怕”，转变为发自内心的尊重。

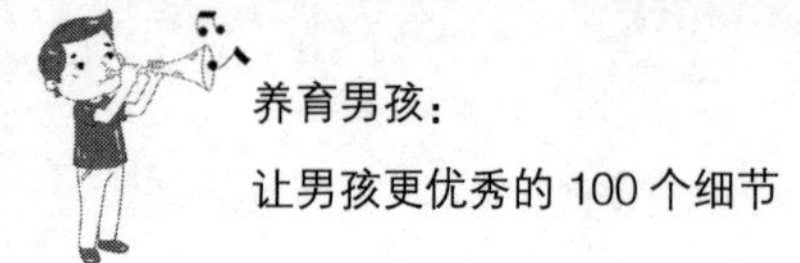

3.制造温馨的家庭话题

经常制造全体家庭成员可以参与的话题对温馨家庭的建设非常重要，这是父母与孩子最自然、最真切的沟通方式，比如，新买的家具摆在哪里最好，周末全家去哪里，讨论家庭的节日菜谱，谈论对一部电视剧的看法，社会中的热门话题带来的启示，孩子感兴趣的球赛……在这些话题的谈论中，除了会取得彼此的沟通和理解外，还会令孩子感觉到被重视、被需要，从而强化家庭角色意识，父母价值观的引导也会被自然渗透。

家庭是孩子健康成长的第一片孕育地，家庭的和谐会潜移默化地影响到孩子的成长。给孩子一个温馨、温暖、快乐的家庭，孩子会受益终生，永远健康向上。

参考文献

[1]陈琦，刘儒德.教育心理学[M].北京：高等教育出版社，2005.

[2]朱智贤.儿童心理学[M].北京：人民教育出版社，2003.

[3]谢弗.儿童心理学[M].王莉，译.北京：电子工业出版社，2010.

[4]俞国良.社会心理学[M].北京：北京师范大学出版社，2006.

[5]玛利亚·蒙台梭利.蒙台梭利早期教育法[M].祝东平，译.北京：中国发展出版社，2002.

[6]惠亚爱.沟通技巧[M].北京：人民邮电出版社，2009.

[7]安君杨.男孩穷着养女孩富着养[M].北京：中国言实出版社，2006.

[8]于秀.问题男孩[M].北京：经济日报出版社，2001.

[9]施奈德.男生问题手册[M].北京：华夏出版社，1999.

[10]王灿明.十字路口的顽童[M].上海：华东师范大学出版社，2006.

[11]罗伯特·肖.流行病——问题少年与少年问题[M].吴泠，译.杭州：浙江教育出版社，2008.

[12]美萨曼琳.快乐父母地图[M].张建民，译.杭州：浙江教育出版社，2005.

[13]橡树国际心理机构.做孩子的心理咨询师[M].北京：北京理工大学出版社，2008.

[14]马修·塞莱克曼.治疗自我伤害的青少年[M].周磊，赵娟，王程，译.北京：世界图书出版公司，2008.

[15]林左辉.社交要懂心理学[M].北京：海潮出版社，2009.